Georges Hausemer

Lesereise Thailand

Georges Hausemer

Lesereise Thailand

Der lächelnde Elefant in der Rushhour

Picus Verlag Wien

Überarbeitete Neuausgabe 2013

Grafische Gestaltung: Dorothea Löcker, Wien
Umschlagabbildung: © Gonzalo Azumendi
Druck und Verarbeitung:
Druckerei Theiss GmbH, St. Stefan im Lavanttal
ISBN 978-3-7117-1036-9

Informationen über das aktuelle Programm
des Picus Verlags und Veranstaltungen unter
www.picus.at

Inhalt

Vorwort

Seit dem 26. Dezember 2004 ist in Thailand nichts mehr so, wie es einmal war. Am Morgen jenes Tages raste eine gigantische, durch ein Seebeben vor der Insel Sumatra ausgelöste Welle über den Indischen Ozean und richtete an den Küsten zahlreicher Anrainerstaaten gewaltige Zerstörungen an. Unzählige Inseln, Dörfer und Städte, ganze Landstriche wurden verwüstet und mehr als dreihunderttausend Menschen in den Tod gerissen – eine der schlimmsten Naturkatastrophen aller Zeiten. Kaum war die Flut zurückgegangen und das schier unvorstellbare Ausmaß der Tsunami-Schäden sichtbar geworden, brach weltweit eine bislang ebenso einmalige Welle der Hilfsbreitschaft los. Die in bisher nie gekannten Höhen eingehenden Spenden, gleichzeitig Ausdruck von Betroffenheit und Solidarität, ermöglichten es den Überlebenden nicht nur, kurzfristig die materiellen Folgen der Tragödie zu überwinden. In vielen Fällen konnten sie sich überdies eine neue Existenz aufbauen.

Längst hat der Urlaubsalltag in seine gewohnten Bahnen zurückgefunden. Besonders in Thailand war wenige Monate nach der Katastrophe fast schon wieder Normalität eingezogen, die Zukunft nach dem Tsunami hatte begonnen. Die Zukunft eines Paradieses, das in Wahrheit nie eines war, aber nach dem Willen der Reiseveranstalter und Tourismusbetriebe vor Ort ab 2005 noch schöner, noch blühender und noch einträglicher werden sollte.

Die Texte dieses Buches wurden lange vor der Flutwelle geschrieben. Sie stellen ein Land von einzigartiger Vielfalt, atemberaubender Schönheit und Ursprünglichkeit vor, ohne darüber jedoch die negativen Auswirkungen des Tourismusbooms der letzten Jahre und die daran gekoppelten gesamtwirtschaftlichen und gesellschaftlichen Entwicklungen aus den Augen zu verlieren. Schon in Zeiten vor der großen Welle wäre es falsch, ja geradezu verantwortungslos gewesen, Thailand als Garten Eden und die Einheimischen als Statthalter einer heilen Welt zu rühmen. Umso untragbarer wäre es, ausschließlich die gesteigerte Attraktivität der thailändischen Strände nach dem Wiederaufbau hervorzuheben und den Zwiespalt zu verschweigen, der Reisende seither dorthin begleitet. Ganz davon abgesehen, dass in diesem Buch vorwiegend thailändische Orte und Gegenden erkundet werden, die nicht unmittelbar vom Tsunami betroffen waren. Allerdings wird kein Besucher Thailands je wieder imstande sein, die Erinnerungen an das am 26. Dezember 2004 Geschehene zu löschen.

Während die in diesem Buch versammelten Geschichten und Schicksale also noch nichts wissen von dem, was Ende 2004 in Thailand geschehen sollte, vermittelt das Geschilderte bereits einen gewissermaßen vorausschauenden Eindruck von der Art und Weise, wie die dort lebenden Menschen eines Tages mit ihrem Unglück umgehen und sich der Zukunft stellen würden. Beschrieben werden Menschen, die demütig und zugleich hoffnungsfroh sind, mit Fleiß und voller Lebensmut ihren oftmals beschwerlichen Alltag meistern. Menschen, denen der Blick nach vorn naturgegeben scheint und die, gestützt durch den Buddhismus, genug Vertrauen in die eigene Stärke hatten, um aus der Tragödie zu lernen und die richtigen Schlüsse zu ziehen.

Im Himmelszug werden die Plätze knapp

Unterwegs mit dem Skytrain

Was für eine Aussicht! Zwölf Meter über der Bangkoker Erde schweift der Blick ungehindert über ein Labyrinth aus Büropalästen, Hoteltürmen, Einkaufszentren, Apartmentkomplexen und Stadtautobahnen. Dazwischen immer wieder grüne Oasen, farbenfroh bepflanzte Terrassen und Dachgärten. Da und dort sprenkeln archaische Relikte in Form von vereinzelten Teakhäusern und Bambushütten das Bild vom wirtschaftlich und gesellschaftlich aufstrebenden Schwellenland. Sogar manch spitze Tempelkuppel spiegelt sich in den gewaltigen Fassaden aus Chrom und Glas.

Und was für eine Befreiung! Im Nu sind sämtliche Fährnisse der zur Megalopolis gewucherten »Stadt der Engel« vergessen. Augenblicklich verblassen die Erinnerungen an verstopfte Straßen, Menschen- und Fahrzeuggewimmel. Gedanken an Hektik und Lärm verflüchtigen sich, schlechte Erfahrungen mit Abgasen und Fäulnisgestank weichen dem Staunen über ständig wechselnde Perspektiven.

So spektakulär präsentiert sich die thailändische Hauptstadt nur, wenn man sie durch die großflächigen Fenster der vollklimatisierten, schalldicht isolierten Waggons ihres jüngsten öffentlichen Transportmittels betrachtet: Bangkok – Stadt der

Superlative, Metropole der Kontraste, vom Skytrain aus entdeckt.

Dass die hochmoderne elektrische Bahn – ihr offizieller Name lautet Bangkok Mass Transit System, abgekürzt BTS – eines Tages zum Wahrzeichen des neuen Bangkok aufsteigen würde, konnte sich vor rund dreißig Jahren, als die Vision entstand, kaum jemand vorstellen. Groß war die Skepsis gegenüber der Idee einer überirdischen Schnellbahn, die die katastrophale Verkehrssituation in der Stadt spürbar verbessern sollte. Völlig ungewiss ließ sich die Zukunft eines Projekts an, das bereits seit 1986 kontrovers diskutiert wurde und dessen Durchführung auch Anfang 1992, nach der Vertragsunterzeichnung, keineswegs gesichert war. Bis zum ersten Spatenstich im Oktober 1994 dauerte es nahezu drei weitere Jahre, in denen die Stadtregierung und die beauftragte Baufirma ständig über den Zeitplan und die Finanzierung stritten. Sogar als bereits die ersten Stützen der Hochbahn in die Luft ragten, zweifelte man immer noch daran, ob die Bahn jemals gebaut werden würde.

Gründe hierfür gab es genug. Während Bangkoks Stadtherren und die Verantwortlichen des Betreiberunternehmens das neue Verkehrssystem im BTS-Lastenheft als »sicheres, komfortables, schnelles, bequemes, verlässliches und erschwingliches öffentliches Transportmittel« beschrieben, das die Stadt vor dem Verkehrsinfarkt retten sollte, führten Kritiker eine ganze Liste von Gegenargumenten an. Sie befürchteten eine zusätzliche Verschandelung des Stadtbilds, prophezeiten die Ablehnung seitens der Bevölkerung, die dem Individualverkehr den Vorrang gab und ein Massentransportsystem voraussichtlich überhaupt nicht annehmen würde. Zudem erachteten sie die Fahrpreise als unsozial, weil zu hoch im Vergleich mit den gewohnten Kosten für Bus oder Taxi. Urbanismusexperten schließlich verwiesen auf Erfahrungen, die in anderen asiatischen Großstädten gemacht wurden. In Hongkong, Singapur und Kuala Lumpur zeigte sich nämlich, dass Hochbahnen keineswegs das Verkehrsaufkommen mindern und zu einer Lösung der damit verbundenen Probleme beitragen.

Der Skytrain wurde trotzdem gebaut und am 5. Dezember 1999, dem zweiundsiebzigsten Geburtstag von König Bhumibol Adulyadej, in Betrieb genommen. Drei Linien von insgesamt achtundzwanzig Kilometern Länge und vierundvierzig Haltestellen für knapp fünfhunderttausend Fahrgäste täglich, die nach den Berechnungen eines unabhängigen Verkehrsberaters erforderlich waren, damit sich das Unternehmen rentiert. Dieses Ziel wurde eindeutig verfehlt. Vor allem in den ersten Monaten nach der Einweihung bestätigten sich die düstersten Prognosen. Noch im Januar 2000 meinte ein Kommentator der *Bangkok Post*, es sei nur normal, »dass Megaprojekte zu Megaproblemen führen« und dass die anvisierten Passagierzahlen vermutlich nie erreicht werden würden.

In der Tat. An den besten Tagen der ersten Zeit lösten höchstens zweihunderttausend Kunden ein Ticket. Zudem kam es wiederholt zu technischen Pannen. Kein Wunder, dass die meisten Plätze im Himmelszug frei blieben und die mit den allerneuesten technischen Standards ausgerüsteten Stationen auf ihren kahlen Betonstelzen menschenleeren Hightech-Wüsten glichen, während weiter unten, auf den Straßen und Bürgersteigen, der Alltag seinen chaotischen Gang ging.

Nur in einer Hinsicht verzeichnete der Skytrain von Beginn an Erfolge: als touristische Attraktion. Die ausländischen Besucher leisten sich die Fahrt mit der Hochbahn, die sich wie ein silberner Bandwurm durch die Hochhausschluchten schlängelt. Zum einen nutzen sie den Zug als effizientes Gegenmittel zum chronischen Verkehrschaos und zur hochgradig belasteten Luft. Zum anderen bietet keine der üblichen Expeditionen durch die Millionenmetropole derart ungewöhnliche Panoramen. Nur an Bord des Schienenfahrzeugs gewinnt man einen solchen Eindruck von den Prachtalleen, auf denen die überlebensgroßen Porträtfotos des thailändischen Monarchen mit monumentalen Kriegerdenkmälern um die Gunst des Betrachters ringen. Und nicht zuletzt befördert der Skytrain schneller, zuverlässiger und gesünder ans Ziel als der rasanteste Taxichauffeur, der todesmutigste Motorradfahrer.

Für den Start zu Sightseeingtouren ist die Station Saladaeng ideal. Von hier aus erreicht man in wenigen Minuten die Station Saphan Taksin am Ufer des Chao-Phraya-Flusses. Sie ist ein günstiger Ausgangspunkt für Exkursionen mit den schnellen, knatternden Langschwanzbooten durch das immer noch weit verzweigte Kanalsystem der *khlongs*. Am Pier steigt man in Wassertaxis oder in den schwimmenden Chao-Phraya-Express, der zu unschlagbar günstigen Preisen einige der touristischen Höhepunkte Bangkoks ansteuert. Beispielsweise den Großen Königspalast, den sechsundvierzig Meter langen Ruhenden Buddha und Wat Arun, den »Tempel der Morgenröte«. Auch zu den traditionsreichsten

Bangkoker Hotels – etwa dem Oriental oder dem Shangri-La – ist es von der Taksin-Brücke nur ein Katzensprung.

In die andere Richtung geht es auf der Silom-Linie zur Central Station Siam, dem zentralen Umsteigebahnhof. Von hier hat man es nicht mehr weit bis zum Haus des legendären, geheimnisumwitterten Seidenhändlers Jim Thompson. In dieser Gegend finden die *farang* genannten Ausländer im Bedarfsfall Hilfe bei ihren Botschaften. Und nirgendwo sonst besteht die Möglichkeit, auf die ungleich längere Sukhumvit-Linie umzusteigen. Diese bringt ihre Passagiere in kurzer Zeit zu den großen Einkaufszentren an der gleichnamigen Straße oder, in entgegengesetzter Richtung, in die Phaholyothin Road. Dort befinden sich beispielsweise der Zoo, der beliebte Chatuchak-Wochenendmarkt und der Busterminal für Reisen in nördliche Richtung.

Mittlerweile hat das BTS – übrigens das erste ausschließlich private städtische Massentransportsystem seit der Eröffnung der Londoner Untergrundbahn im Jahre 1863 – seine Kinderkrankheiten überwunden. Auch die Einheimischen beginnen, die Vorzüge des Elektrozugs zu erkennen und zu schätzen. Zwölf Meter über dem Asphalt herrschen Ruhe und Ordnung. Es riecht nach scharfen Putzmitteln, nirgendwo liegt ein Fetzen Papier oder eine Zigarettenkippe herum. Alles glänzt, jeder Quadratzentimeter Glas, Aluminium und Beton verströmt den Hauch keimfreier Sauberkeit. Modernste Fahrscheinautomaten, freundliche Geldwechsler sowie mit Schlagstock bewaffnete Uniformierte sorgen für die reibungslose Abwicklung des Transportgeschäfts. Auch diese Gegenwelt zum anstrengenden

Großstadtmoloch sorgt dafür, dass die durchschnittliche Passagierzahl pro Tag inzwischen auf über sechshunderttausend angestiegen ist. Zu den Touristen haben sich Geschäftsleute, höhere Angestellte, Schüler und Studenten gesellt, die es leid sind, für die Fahrt zum Arbeits- oder Ausbildungsplatz vielstündige Torturen in den traditionellen Verkehrsmitteln auf sich zu nehmen.

Um dies zu erreichen, haben die drei BTS-Linien keine Kosten und Mühen gescheut. So wurden zwölf zusätzliche Aufzüge gebaut, kostenlose Buslinien von Auffangparkplätzen zu einzelnen Bahnstationen eingerichtet, preiswertere Ticketsorten (Studenten- und Monatskarten) auf den Markt gebracht. Zusätzliche Anreize schaffen regelmäßige kulturelle und kommerzielle Events in den Bahnhöfen und auf den Bahnsteigen. Diese Initiativen steigerten die Zahl der Fahrgäste an Wochentagen deutlich. Mit dem Resultat, dass besonders zu Stoßzeiten die Plätze im Himmelszug inzwischen knapp geworden sind.

In gleichem Maße wie der Skytrain die Fortbewegungsalternativen in Bangkok erweitert hat, haben die drei BTS-Linien die Stadtlandschaft nachhaltig verändert und zu einer Verschlechterung der Lebensqualität ganzer Straßenzüge und in den umliegenden Wohn- und Geschäftsvierteln beigetragen. Praktisch mögen die auf gewaltigen Stützpfeilern ruhenden Betontrassen mit ihrem doppelten Schienenstrang ja sein – eine ästhetische Bereicherung leisten die neun Meter breiten Viadukte dem ohnehin arg strapazierten urbanistischen Gefüge von Bangkok sicherlich nicht. Und was die Anrainer der Silom, Sathorn, Phaholyothin und Sukhumvit

Road von der riesigen Abdeckung halten, die die einst lichtdurchfluteten Boulevards nun in düstere, stickige Tunnel verwandelt, hat vermutlich auch nie jemand gefragt.

Der Fluss und der Schrott

Von Vorschriften und unsichtbaren Gefahren

Auf dem Chao Phraya verkehren die verschiedenartigsten Schiffe: Hausboote, Schnellboote, Motorboote, Langschwanzboote, Schlepper, Lastkähne, Fähren, Hotelshuttles, Barkassen, Nachen, Flusstaxis, Jachten, Ausflugsschiffe, schwimmende Restaurants … Vom Wasser aus betrachtet sehen die Anlegestellen für all diese Kategorien völlig eindeutig aus. Die Namen jener Piere, an denen die Expressboote halten, können sogar Ausländer lesen: Sathorn, Si Phraya, Tha Chang, Phra Athit … Andere Namen kann man sich problemlos merken: Oriental, Memorial Bridge, Irrigation Department.

Schwierig wird es, wenn man sich dem Fluss aus der Stadt kommend nähert. Nur wenige Schilder zeigen den Weg zu dieser oder jener Haltestation. Also muss man fragen. Die junge Frau zum Beispiel, die gerade längs geschnittene Bananenhälften in Zuckersirup kandiert. Oder den Verkehrspolizisten, der in einem Ziegelsteinhäuschen mit riesigen Fenstern sitzt und gelangweilt in einer Illustrierten blättert. Leider versteht der Wachmann ebenfalls kein Englisch.

Zum Glück kommt mir, irgendwo zwischen Harbour Department und Rachavongse, eine ältere Frau zu Hilfe und bietet sich mit Gesten und Fingerdeuten auf die Stadtkarte an, mich zur gewünschten Anlegestelle zu bringen. Sie marschiert vorneweg, ich trotte hinter ihr her. So gerate ich in die Soi Ia Lo, wo, wie es scheint, Dutzende, ja Hunderte von Schrotthändlern zu Hause sind. Schrotthändler freilich, die nur rostiges Autozubehör im Angebot haben: Motoren, Achsen, Kühler, Motorhauben, Autositze, Autositzfedern, Autotüren und Autotürgriffe, Kotflügel, Felgen, Raddeckel und was sonst noch alles an Autos dran ist und sich ausbauen und weiterverkaufen lässt.

Wochen später, längst wieder daheim, werde ich noch einmal an die Schrotthändler von Bangkok erinnert. In einer Zeitungsmeldung unter der Rubrik »Vermischtes aus aller Welt« heißt es, ein achtzehnjähriger Schrotthändler aus der thailändischen Hauptstadt sei an Nierenversagen gestorben. Er war mit Kobalt-60-Kapseln in Kontakt gekommen, die Altmetallhändler in einem Abfallhaufen auf einem Parkplatz gefunden und an ihn verkauft hatten. In Thailand, so schließt die Meldung, sei für die Lagerung des radioaktiven Kobalt 60 eine behördliche Genehmigung nötig, Verstöße dagegen blieben jedoch straffrei.

Chaos in Khao San

Vom Backpacker-Ghetto zur Lifestyle-Meile

Knapp dreihundert Meter lang, etwa ein Dutzend Schritte breit und beidseitig flankiert von unzähligen Bistros, Restaurants, Gasthäusern und Hotels, Souvenir- und Juwelierläden, Internetlokalen, kleinen Lebensmittel- und Schneidergeschäften, Geldwechselstuben, Tattoo-Studios, Massage-, Friseur- und Waschsalons – das ist die Khao San Road, eine an sich völlig unspektakuläre Straße mitten in Bangkok. Doch seit Jahren gilt sie als die bekannteste und meistbesuchte Adresse in der thailändischen Hauptstadt. Mittlerweile empfing sie sogar die hohen Weihen der Literatur.

1996 erschien der Roman »The Beach« des Briten Alex Garland im Original (deutsch: »Der Strand«, 1998), der mit den Sätzen beginnt: »Vom Strand hörte ich das erste Mal in Bangkok, in der Khao San Road. Die Khao San Road war Rucksackland. Beinahe alle Gebäude waren zu Pensionen umgebaut, es gab klimatisierte Telefonzellen für Auslandsgespräche, in den Cafés zeigten sie brandneue Hollywoodfilme auf Video, und man konnte keine fünf Schritte tun, ohne an einem Stand mit Raubkopiekassetten vorbeizukommen. In erster Linie war die Straße eine Schleuse für diejenigen, die nach Thailand kamen oder wieder wegwollten, eine Relaisstation zwischen Ost und West.«

Brandneu ist der 1999 nach dem Buch entstandene Film mit Leonardo DiCaprio zwar nicht mehr, doch gezeigt wird er immer noch allabendlich in zahlreichen Lokalitäten der Khao San Road. Auch Reiseagenturen werben mit dem Streifen für ihre Ausflüge. Zu diesem Zweck stellen sie Schilder auf den Bürgersteig, auf denen Zusätze wie »As seen on film« zu lesen sind. Potenzielle Kunden, die auf den Spuren der Kinostars wandeln möchten, gibt es reichlich: Achttausend Besucher täglich will man in der Road gezählt haben. Wer ab dem späten Nachmittag hier unterwegs ist, glaubt diese Zahl gerne. Wie in einem Ameisenhaufen wuseln die Massen umher. Kurz nach achtzehn Uhr, nach Einbruch der Dunkelheit, ist definitiv auf keiner Caféterrasse mehr ein Sitzplatz, in kaum einem der etwa hundertzwanzig Guesthouses mehr eine Schlafgelegenheit zu finden. Und je später der Abend, umso undurchschaubarer wird das Chaos an Menschen, Fahrzeugen und allerlei Dingen, die jeden Moment den Besitzer wechseln können.

Den wie ziellos umherflanierenden Passanten freilich scheint das nichts auszumachen. Dies ist die Stunde, da sich auch beim letzten Touristen aus dem Westen das Heimweh legt und die Fremde ihm endgültig vertraut wird. Kein Wunder. Denn nirgendwo sonst in Thailand, wenn nicht in ganz Asien, fühlt der *farang* sich heimischer als in der Khao San Road. Hier ist er unter seinesgleichen, kann sich in Sicherheit wiegen vor den manchmal verstörenden Anforderungen des thailändischen Alltags und die angeblich köstlichsten Bananenpfannkuchen westlich von Saigon genießen. Hier muss er, wenn er nicht will, keine Papaya-, Mango- oder Ananasschnitten, keine vegetarischen Nudelsuppen und nicht ständig Reisgerichte zu sich nehmen. Hier gibt es alle paar Meter

Bratwürstchen mit Pommes frites, Hamburger und Bier weltbekannter Marken.

Um 1990 konnte von diesem irrwitzigen Mix aus Versatzstücken thailändischer Lebensart und westlicher Jugendkultur noch keine Rede sein. Damals gab es in der Khao San Road gerade mal zwei Hotels: das Nith Jaroen Suk und das Sri Phranakhon, wie es im Thailand-Band der »Lonely Planet«-Reihe heißt. Joe Cummings, der Verfasser dieses legendär gewordenen Reiseführers, muss es schließlich wissen. Er gilt als der »Erfinder« der Khao San Road, wie man sie heute kennt. Nachdem er die beiden Adressen erstmals empfohlen hatte, setzte ein Ansturm auf die Straße ein, der von ihrem ursprünglichen Charakter nicht viel übrig gelassen hat. Auf Cummings' Vorschlag hin trafen immer mehr Rucksacktouristen ein, die nicht Hotelpools und Liegestühle, sondern die Welt sehen wollten und denen Reisekataloge und Pauschalangebote genauso suspekt waren wie Kreditkarten und Hartschalenkoffer. Dafür nahmen die selbst ernannten Alternativreisenden mit den schmalen Portemonnaies fensterlose Sperrholzabsteigen mit Gemeinschaftstoilette auf düsterem Flur in Kauf und freuten sich über die extrem niedrigen Preise für Kost und Logis.

Ein Geheimtipp war geboren, der in Windeseile die Runde um den ganzen Globus machte und seinen Geheimtippstatus folglich ebenso rasch wieder verlor. Innerhalb kürzester Zeit wurden immer mehr Bretterverschläge in Billigstunterkünfte umgerüstet. Gewiefte Geschäftsleute witterten bislang ungeahnte Umsatzmöglichkeiten. Die Straße selbst verwandelte sich vom unscheinbaren Nebenschauplatz zum Inbegriff zeitgenössischer Travel-Romantik.

Eigentlich aber begann der Aufstieg der Khao San Road bereits in den frühen siebziger Jahren. Ein paar australische Studenten mit wenig Geld sollen die Ersten gewesen sein, die sich hier für eine Handvoll Baht bei Privatleuten einquartierten. Als nach 1980 die Flugpreise drastisch fielen und traditionelle Destinationen wie Kabul, Poona und Kathmandu bei den Ur- wie bei den Späthippies aus der Mode kamen, schlug Bangkoks große Stunde.

Von nun an hieß die Hauptstadt des Backpacker-Universums Khao San Road. Die auffälligste Nebenerscheinung ihrer Entwicklung: Allmählich verschwand aus der Straße alles, was sie je an Asiatischem, gar an typisch Thailändischem zu bieten hatte. Nach und nach mutierte sie zu einem neutralen Terrain, das sich immer mehr von seinen Wurzeln löste. Weniger vornehm ausgedrückt: Die Khao San Road wurde zu einem Fremdenghetto, das die Einheimischen bis heute nur noch in ihrer Funktion als Garküchenbetreiber, fliegende Händler, Taxifahrer oder Kleingauner betreten. Oder das sie aufsuchen wie einen westlichen Zoo, in dem es aus nächster Nähe Junkies, Freaks und andere ungewaschene *farang* zu begaffen gibt.

In den letzten Jahren sind auch diese Ansichten über Bangkoks prominenteste Adresse bereits zu Klischees verkommen. Ehemalige Stammgäste meiden die Meile, die sie für overromanticized und overstereotyped halten. Aus gutem Grund. Denn die Fakten belegen, dass das ganze Viertel im Norden der Metropole längst im digitalen Zeitalter angekommen und als globalisierte Kommerzmaschine mit eigener Homepage auf dem besten Weg ist, ein weiteres Mal sein Image zu verlieren.

Bis auch diese Wende abgeschlossen ist, wird es nicht mehr allzu lange dauern. Noch kann man in der Khao San Road billiger im Internet surfen und ins Ausland telefonieren als irgendwo sonst in Bangkok. Noch sind falsche Presse- und Studentenausweise, gefälschte Führerscheine, nachgemachte Rolex-Uhren und Designermode-Fakes, raubkopierte CDs, DVDs und Computerprogramme günstig im Angebot. Nach wie vor lassen sich die Träume von einer heilen Welt hier preiswerter erstehen als anderswo. Doch schon haben viele alteingesessene Betriebe schließen und Filialen großer Ketten weichen müssen.

Einer dieser cleveren Geschäftsmänner, der den Boom voraussah und beizeiten zu nutzen wusste, heißt Taifah Oonsukcharoen. In den späten achtziger, frühen neunziger Jahren kaufte er mehrere Gebäude auf, die heute zu den beliebtesten Zielen östlich des Chao-Phraya-Flusses zählen: Buddy Beer, Suzie, Side Walk Café und Austin Bar. Neben der alten Buddy Beer Bar ließ Oonsukcharoen ein Viersternehotel mit sechsundsiebzig Zimmern errichten, denn er ist sich sicher: »Viele von denen, die vor zehn, fünfzehn Jahren erstmals in der Khao San Road abstiegen, haben in der Zwischenzeit erfolgreich Karriere gemacht, reisen immer noch gerne und können sich mittlerweile anspruchsvollere Unterkünfte leisten. Andere Thailandbesucher möchten sich sehr wohl die berühmte Straße anschauen, verspüren jedoch keine Lust, in schlichten Guesthouses zu wohnen.«

Für diese Sorte Touristen, die tatsächlich mit Hartschalenkoffern und Kreditkarten anreist, hat sich die Khao San Road ihren neuen, modernen

Stil zugelegt: saubere, hygienisch einwandfreie, aber nicht länger billige Lokale nach westlichem Vorbild, geräumige Hotelzimmer mit Minibar und Klimaanlage, in denen sich die Generation X über die bescheidenen Wünsche ihrer in Spelunken hausenden Vorgänger wundert. Aus den meisten der urigen Backpacker-Kaschemmen sind inzwischen Lifestyle-Treffs geworden, immer mehr Straßenstände machen Platz für elegante Shoppingmalls. Statt knauserigem Jungvolk sollen solvente Touristen der gehobenen Klasse in die ehemalige Flower-Power-Enklave gelockt werden. Sogar die häufig eher schlafmützigen thailändischen Touristiker haben den Trend der Zeit inzwischen erkannt. Gemeinsam wollen die städtischen Behörden und das thailändische Fremdenverkehrsamt das Erscheinungsbild der Khao San Road aufpäppeln und für den Durchschnittstouristen attraktiver gestalten: mit einem riesigen Metallbogen am Eingang sowie Theater- und Tanzaufführungen und einem regelmäßigen autofreien Tag.

Solche Pläne wird man, je nach Standpunkt, begrüßen oder bedauern. Zu befürchten steht indes, dass der radikale Wandel des ehemaligen Low-Budget-Mekkas bloß einen Vorgeschmack auf das bietet, was in nicht allzu ferner Zukunft auch zahlreichen anderen Orten in Thailand blühen wird. Nämlich ein brutaler Identitätsverlust und eine durch Anbiederung an westliche Erwartungen und westlichen Geschmack herbeigeführte Gesichtslosigkeit, die den Besucherstatistiken des Landes zwar fabelhafte Zuwachsraten und vielen Einheimischen kurzfristig Gewinne sowie einen höheren Lebensstandard bescheren wird. Auf Dauer jedoch wird das neue Siam dann genau die Gäste vergraulen, derentwegen all die Anstrengungen unternommen werden.

Noch liegt Bangkoks berühmteste Straße ziemlich außerhalb Thailands. Doch es ist abzusehen, dass weite Teile des Landes demnächst dem sterilen Vorbild der Khao San Road mit furchtbarer Entschlossenheit nacheifern werden. Und dann gewinnt mehr als ein Besucher die gleiche ernüchternde Erkenntnis wie Étienne, der junge Franzose in dem Bestseller von Alex Garland: »Ich wollte mal was anderes machen, und alle anderen wollen das auch. Aber wir machen alle das Gleiche.«

Rummelplatz, samstags

Von Mäuseroulette und anderen sonderbaren Vergnügungen

An der Sathorn Road in Bangkok stehen einige der höchsten Gebäude von ganz Südostasien. Banken, Zentralen von Handels- und Versicherungsgesellschaften, Hotels. Über die achtspurige Straße, auf der der Verkehr so gut wie nie zum Erliegen kommt, führen hässliche Fußgängerbrücken aus Stahl und Beton.

An einem Samstagabend vernehme ich in dieser wenig attraktiven Gegend plötzlich Musik, die hinter einer Mauer am Rande eines Tankstellengeländes hervorkommt. Schriller Gesang, Sirenen, dumpfes Schlagzeug, Radau. Als ich stehen bleibe, sehe ich grelle Lichtstrahlen und buntes Geflacker, das die nervöse Dunkelheit zwischen den Wolkenkratzern sprenkelt.

So gelange ich auf einen kleinen Rummelplatz, wie man ihn in diesem langweiligen Geschäftsviertel niemals vermutet hätte. Die Attraktionen sind an diesem Abend gut besucht, es herrscht ausgelassene, heitere Stimmung. Die handbetriebenen Kettenkarussells drehen sich. Ein dressierter Affe vollführt erstaunliche Gymnastikübungen. Man wirft mit Gummireifen auf volle Bierdosen, Cola- und Limonadeflaschen, die es zu gewinnen gibt. Man setzt auf die nummerierten Löcher in einer dünnen Holzwand, hinter der eine Maus verschwindet, nachdem der in der Mitte einer kleinen Arena aufgestellte Eimer, unter dem sie die ganze Zeit gesessen hatte, an einer Schnur hochgezogen worden war. »Mäuseroulette« nennt man wohl diesen für die Menschen harmlosen Zeitvertreib, der dem Tierchen sicherlich heftiges Herzklopfen verursacht.

Die ausgefallenste Nummer des bescheidenen Vergnügungsparks versteckt sich jedoch in der Nähe der Essbuden. Dort ist, auf staubiger Erde, eine Personenwaage platziert, wie sie die meisten Menschen zu Hause im Badezimmer stehen haben. Dahinter ein roter Plastikhocker, unter dem eine grelle, bestimmt hundert Watt starke Glühbirne baumelt. Auf der Sitzfläche des Hockers eine Pappschachtel mit einem Schlitz im Deckel. Neben dem Schlitz steht mit dickem Filzstift geschrieben: »1 Baht«.

Es dauert einen Moment, bevor ich den Zusammenhang herstelle. Dann höre ich die Kinder jauchzen, die Erwachsenen lachen, das Mäuschen quieken. Ich rieche die auf Holzstäbchen gespießten Wurststücke, die auf einem winzigen Grillrost brutzeln und deren Fetttropfen in der Glut zischeln. Ich rieche das aufdringliche Aroma der getrockneten, an Schnüren aufgehängten Tintenfische, die ich vom Etikett auf der Fischsaucenflasche kenne. Ich rieche die exotischen, knallbunten Süßigkeiten, die in der Abendhitze schwitzen. Ich sehe die fröhlichen Menschen mit Bierdosen und Colaflaschen und Zuckerstangen in der Hand. Und ich sehe die verstaubte, einsame, unbeachtete Waage vor dem verstaubten, einsamen, unbeachteten Plastikhocker. Es ist einer der wenigen traurigen Momente an diesem munteren Samstagabend auf dem altmodischen Rummelplatz am Rande der Sathorn Road, Business District, Bangkok.

Jenseits des Flusses der Könige

Thon Buri, der »vergessene« Stadtteil von Bangkok, wird wiederentdeckt

Die beiden Männer sind um die siebzig und längst pensioniert. Doch weil sie in Bangkok einst als Flusstaucher ihren täglichen Reis verdienten, sind sie heute gefragter denn je. Thailands Hauptstadt hat nämlich ihre aquatischen Wurzeln wiederentdeckt, die im und am Chao Phraya, dem mächtigen, mythenreichen »Fluss der Könige« liegen. Gleichzeitig entsinnt man sich eines lange Zeit eher stiefmütterlich behandelten Stadtteils, in dem die Geschichte der heutigen Millionenmetropole einst begann: Thon Buri, gelegen auf der »anderen«, der westlichen Seite des Chao Phraya River, den die Einheimischen auch noch Menam, »Mutter aller Gewässer«, nennen.

In Thon Buri sind unsere rüstigen Rentner zu Hause. Wirat Suesa-Nguan, mit neunundsechzig der Jüngere der beiden, musste unlängst gleich mehreren Fernsehteams und Zeitungsjournalisten den Beruf des Flusstauchers erklären. Sein um fünf Jahre älterer Kollege, den alle nur Uncle Tee rufen, belässt es nicht bei Worten. Seit Kurzem führt Uncle Tee interessierten Besuchergruppen regelmäßig sein Können vor. Mit sichtlichem Stolz setzt der drahtige Herr seinen dreißig Kilo schweren Helm auf, der über einen Schlauch mit einer primitiven Sauerstoffpumpe verbunden ist. Ein Sprung, ein lautes Platschen: Schon haben die Flusswellen Uncle Tee verschlungen. Drei Stunden lang konnte der Taucher in seinen besten Zeiten auf dem Grund des Chao Phraya umherwaten, auf der Suche nach den Dingen, derentwegen Privatleute, Firmen, Institutionen ihn engagiert hatten. »Egal, ob wertvolle Gegenstände, die ins Wasser gefallen waren, ob gesunkene Boote oder ertrunkene Menschen«, erläutert Mister Wirat, der es mit den Lungen hat und seinem Kollegen den praktischen Teil der Darbietung überlässt, »früher haben wir alles hochgeholt, was wir finden konnten.«

Heute stehen Mister Wirat und Uncle Tee in Diensten eines Konsortiums aus fünf Bangkoker Vereinigungen, zu dem die Stadtverwaltung und zwei Universitätsinstitute ebenso gehören wie ein Zeitschriftenverlag und der »We Love Thon Buri«-Club. Allein der Name dieses Clubs verrät einiges über die Ziele der Initiatoren, die dem ihrer Ansicht nach viel zu wenig beachteten Stadtteil neue Impulse geben wollen.

Thon Buri, wo knapp ein Fünftel der zehn, vielleicht zwölf Millionen Einwohner Bangkoks leben, galt über Jahrzehnte hinweg als triste, langweilige Schlafgemeinde ohne kulturelles oder touristisches Potenzial. Bis 1932 gab es keine Brücke, die die beiden Menam-Ufer miteinander verband. Erst 1971 wurde der Westbezirk offiziell in den Bangkoker Stadtverbund integriert. Sind die Berufspendler morgens mit dem Expressboot in die Geschäfts- und Bankenviertel an der Silom und der Sukhumvit Road entschwunden, bleibt auch heute in vielen Gassen nur Leere und Einsamkeit zurück. Die meisten Fremden setzen bloß kurzzeitig mit der Fähre über den Fluss, um an dessen rechtem Ufer den berühmten Wat Arun zu besuchen: für die einen der »Tempel der Morgenröte«, für die anderen der »Tempel der Abenddämmerung«. Doch für kaum jemanden Anlass, sich die Gegend in der unmittelbaren Nachbarschaft des mit Tausenden von Porzellanstückchen verzierten Monuments anzusehen.

Das soll sich ändern. Zumal Thon Buri jahrhundertelang mehr war als ein bloßes Anhängsel von Bangkok Metropolis. Zwischen 1350 und 1767, als die Herrscher von Siam im achtzig Kilometer weiter nördlich gelegenen Ayutthaya residieren, befindet sich hier der größte Handelshafen des Königreichs, sein direktester Zugang zum Meer. Das gegenüberliegende Baan Makok, das »Dorf der wilden Pflaumen«, aus dem später einmal Bangkok werden wird, ist nichts weiter als ein unbedeutendes Kaff. Zu dieser Zeit erhält Thon Buri seinen Namen: Stadt des Geldes. Die Geschäfte florieren. Werften, Reismühlen, Sägewerke, Waren- und Lagerhäuser säumen die Ufer des Chao Phraya, der den Ort hufeisenförmig umfließt.

Gerade dieser ausgebeulte Verlauf der wichtigsten Lebensader Siams bedingt Thon Buris spätere Abgeschiedenheit. Um die Reisezeit zwischen Ayutthaya und dem Meer um gut eine Stunde zu verkürzen, lässt König Chai Rachathirat, der zwischen 1534 und 1546 regiert, einen Kanal anlegen. Dieser Bypass wird mit der Zeit zu jenem Flussabschnitt, an dem heute die renommiertesten Hotels und bekanntesten Sehenswürdigkeiten der thailändischen Metropole liegen. Während der Verlauf der ursprünglichen Flussschleife sich anhand der heutigen Kanäle, *khlongs*, von Bangkok Noi, Bangkok Yai und Chak Phra nachvollziehen lässt.

Thon Buris größte Stunde schlägt, als die Birmanen Ayutthaya 1767 vollständig zerstören und General Taksin die Hauptstadt in die Schwemmlandebene wenige Kilometer oberhalb der Mündung des Flusses in den Golf von Thailand verlegt. Doch schon fünfzehn Jahre später ist diese Episode vorbei. General Chao Phraya Chakri, Taksins Nachfolger, nach dem der Fluss benannt ist und der als Rama I. zum Begründer der noch heute herrschenden Königsdynastie wird, transferiert die Kapitale auf die Flussseite vis-à-vis, wo imposante Paläste, Tempel und Befestigungsanlagen entstehen. Statt Hauptstraßen, Nebenstraßen und Gassen durchzieht ein riesiges Geflecht aus Kanälen die Metropole, die so den Beinamen »Venedig des Ostens« erhält. Die erste gepflasterte Straße wird erst 1861 gebaut – auf Drängen der aus dem Abendland zugezogenen Geschäftsleute, denen die Fortbewegung auf Kähnen und Schaluppen zu beschwerlich ist.

Noch in den ersten Jahren des 20. Jahrhunderts erlebt Ebbe Kornerup Bangkok als eine quirlige, vor lauter Geschäftigkeit schier überschäumende Wasserstadt. In seinen Reisenotizen hält der dänische Forscher fest: »Es war ein gewaltiges Leben auf dem Fluss, ein Boot nach dem anderen passierte uns, am Ufer wurde gefischt, mit Geduld wurden Netze an einer Stange ins Wasser gehalten, bis Fische ins Netz gegangen waren. Kaufleute mit ihrem Kramladen an Bord hatten Anker geworfen und die Kunden fuhren mit ihren eigenen *sampans* herab; Kanus trieben flussabwärts mit Reisig, das man oben in den Dschungeln gesammelt hatte.«

Es ist jene längst vergangene Epoche, in der die heute so belebte Sukhumvit Road sich als schmale Landstraße durch Reisfelder zieht. Oder, wie im November 1901 geschehen, zwei viereinhalb Meter lange Alligatoren aus dem Gewässer gefischt werden. Noch trägt die Silom Road, die »Straße der Windmühlen«, ihren Namen zu Recht: Geflügelte Windräder pumpen aus dem hier entlangfließenden Kanal Wasser in die umliegenden Gemüsegärten. Luftaufnahmen zeigen, dass Bangkok sogar noch 1946 von Wasseradern durchzogen ist.

Danach verlagert sich die städtische Betriebsamkeit vom fließenden Element auf Beton und Asphalt. Innerhalb von zwei Generationen werden Hunderte Kilometer Wasserwege aufgefüllt, um Straßenzüge anzulegen und neues Bauland zu gewinnen. 1955 schüttet man auch den Khlong Hualampong, den letzten der großen Kanäle zu, damit die Rama IV. Road erweitert werden kann.

Diese Entwicklung hat sich in den letzten vierzig Jahren noch erheblich beschleunigt. Seit den siebziger Jahren säumen zwei vierspurige Fahrbahnen die einst von Bäumen beschattete Sathorn Road. Während in den Achtzigern auf etlichen der größeren Kanäle noch Hausboot-Gemeinschaften beheimatet waren, begegnet man dieser exotischen Existenzform heute nur noch unter der Memorial Bridge, wo sie, wie Experten prophezeien, ebenfalls zum baldigen Verschwinden verdammt ist.

Für nicht wenige Politiker, Urbanisten und Umweltschützer trägt die großflächige Bodenversiegelung die Hauptschuld an den vielfältigen Problemen im heutigen Bangkok. Die chaotische Verkehrssituation, die extreme Luftverschmutzung und die regelmäßige Überflutung ganzer Stadtviertel in der Monsunzeit sind ihrer Meinung nach auf den Verlust ihrer aquatischen Vergangenheit zurückzuführen. Es gibt nicht mehr genügend Kanäle, die als Puffer dienen, die Regenmassen aus den Bergen im Landesnorden auffangen und den Wasserstand regulieren können.

Höchstens in Thon Buri kann man heute noch nachempfinden, wie sich der Alltag im Schwemmgebiet des Menam-Deltas anno dazumal präsentierte. Vor allem, seitdem hier ein Lebensstil, ja eine Daseinsphilosophie Renaissance feiert, über die schon Kornerup staunte: »Auf einmal wird es ganz ländlich, Reisfelder mit summenden Grashüpferschwärmen und funkelnden Leuchtkäfern. Dampfende Wiesen, *khlongs* im matten Mondschein, mit schaukelnden *sampans*, spielende Kinder an den Ufern. Unvermittelt gelangen wir zu Hütten auf Pfählen, zwischen Feld und Dschungel, und plötzlich tauchen Reihen von chinesischen Hütten auf oder *khlongs* mit hell erleuchteten Bootshäusern, die auf Pontons schwimmen und durch kleine Brücken mit dem Land verbunden sind.«

Der Kontrast könnte kaum größer sein. Hüben Weltstadtatmosphäre, drüben ländliche Idylle. Menschen wie die beiden engagierten Flusstaucher haben wenig gemein mit den immerzu gestressten Bank- und Versicherungsangestellten, die Bangkoks Businessviertel am linken Chao-Phraya-Ufer bevölkern. Die gesamte Stimmung wechselt, sobald man die Schlepper und ihre Lastkähne, die Fähren und Hotelshuttles, die Wassertaxis und höllischen Krach verursachenden Langschwanzboote auf dem Fluss hinter sich gelassen hat und in die Kanäle abgebogen ist.

Nicht dass hier eine Idylle zu besichtigen wäre!

Mit der Hygiene etwa war es in Bangkoks Wasserwelt noch nie allzu weit her. Seit Menschengedenken sind die Kanäle nicht nur Transportwege gewesen und zu Verteidigungszwecken sowie zur Wasserversorgung genutzt worden. Weil sie die fehlenden Kanalisationsanlagen ersetzen mussten, waren sie stets auch als Krankheitsquellen gefürchtet. Bis heute ist ihr Wasser von einer wenig appetitlichen Farbe, zweifelhaftem Geruch und natürlich nicht trinkbar.

Dennoch weht über Thon Buri ein Hauch unbeschwerter Lebensfreude. Kinder planschen in den grünlich braunen Fluten, in denen ihre Mütter die Wäsche schwenken. Paddelnde Händler ziehen mit ihren Verkaufstheken und dampfenden Garküchen durchs Bild. Auch der Briefträger kommt über das Wasser. Schwimmende Ambulanzen lassen ihre Sirenen aufheulen. Eine große thailändische Bank hat sogar einen Schalter auf einem Boot eingerichtet, das regelmäßig an den Stegen vor den Pfahlhäusern anlegt.

Zudem werden seit Neuestem wieder alte handwerkliche Traditionen gepflegt. In Ban Bu, einem Viertel unweit des Suwannaram-Tempels, knistert und zischt heute wieder die Feuersglut. Wie schon vor Jahrhunderten stellen Töpfer die für diesen Stadtteil typischen Bronzegefäße her. In einer Gießerei werden nach uraltem Verfahren Buddhastatuen in Mulden gegossen. Waffenschmiede hämmern und feilen an Säbeln, Speeren und Schwertern, die in der unlängst eröffneten Schule für Kampfsportarten zum Einsatz kommen. Hier wird die alte fernöstliche Kunst der Selbstverteidigung gelehrt – eine Disziplin, in der sich die heutige Jugend aus Traditionsbewusstsein übt, während es ihren Vorfahren darum ging, Heimat und Besitz vor fremden Invasoren zu schützen.

Gegenwärtig praktizieren die verschiedenen ethnischen und religiösen Gruppen in Thon Buri ein friedliches Nebeneinander. Längst sind die Thais, die Chinesen, die Angehörigen des Bergstamms der Mon und die Flüchtlinge aus Birma (seit 1989 Myanmar) und Laos sesshaft geworden. Wohl wissend, dass schlechte nachbarschaftliche Beziehungen heutzutage nicht mehr so leicht zu überwinden sind wie noch zu Kornerups Zeiten. Damals lebten die allermeisten Einwohner Bangkoks auf Booten, die vor Anker gingen, wo es gerade passte. »Und eines Morgens«, so beobachtete der Däne, »konnte man den Anker lichten und irgendwo anders hinfahren, wo es keine boshaften Nachbarn gab. War man fort, freute der Nachbar sich vielleicht nicht weniger.«

Zivilisation und Geisterhäuschen

Der Tod kommt angeblich aus dem Westen

In einer Seitenstraße der Silom Road habe ich sie zum ersten Mal gesehen. An der Autobahn von Bangkok nach Samut Sakhon nehme ich sie erstmals richtig wahr: die sogenannten Geisterhäuschen. Flüchtig betrachtet, sehen diese komischen Konstruktionen aus wie Vogelhäuschen auf dicken, mannshohen Säulen. Die Farben und Verzierungen, mit denen die Mini-Altäre geschmückt sind, stellen sie in den Rang von gehobenem Kitsch.

Es gibt Haus-, Fluss- und Feldgeister, und alle heißen *phi*. Um sie zu beschwichtigen und aus ihren Wohnungen, Häusern, Büros und Geschäften fernzuhalten, errichtet man den *phi* besagte Pfahldomizile, die mit regelmäßigen Geschenken und Opfern – Räucherstäbchen, Früchten, Girlanden aus duftenden Jasminblüten, Getränken, Süßigkeiten – lebenswert gemacht werden. Solange die unsichtbaren Geschöpfe sich in ihren Tempelchen wohl fühlen, treiben sie keinen Unfug in den Unterkünften der Menschen.

Besagte Geisterhäuschen, so habe ich mir erzählen lassen, stehen immer im oder vor dem östlichen Teil der Menschengebäude, weil der Westen die Richtung ist, aus der angeblich der Tod kommt.

Nun, so was hört man als Europäer gern. Genauso wie jenen Satz, der irgendwann während der Asienreise fiel und der besagt, dass die Kolonisierung einem den Hintern der Zivilisation zeigt.

Adler aus Ananas

Im Nachtzug nach Chiang Mai

Siebenhundert Kilometer in etwas mehr als vierzehn Stunden. Das ergibt eine Durchschnittsgeschwindigkeit von knapp fünfzig gemächlichen Kilometern pro Stunde. Einstweilen jedoch sitzen wir noch am Bahnsteig im Bangkoker Bahnhof Hualampong. In kaum verständlichem Englisch hallt eine Durchsage aus dem Lautsprecher: Der Special Express nach Chiang Mai wird etwa zwei Stunden Verspätung haben.

Wir machen es uns auf dem Boden bequem. Sämtliche Bänke, sogar die mit dem Schild »For the Monk only«, sind besetzt. Eine Zigarette, dann noch eine. Umherspazieren. Ich mache Bekanntschaft mit Mister Preecha. Der Geschichtslehrer aus Chiang Mai möchte mich unbedingt vor dem Schild fotografieren, auf dem der Name des Nachtzugs in seine Heimatstadt steht: Nakhon Phing. Was Nakhon Phing bedeutet, weiß er nicht.

Gut zwei Stunden später läuft der Zug tatsächlich ein. Einsteigen dürfen die Wartenden aber noch nicht. Stattdessen überreicht uns ein älterer Herr in hellgrauer Uniform die Menükarte des Zugrestaurants, das, wie er versichert, sehr zu empfehlen sei. Zur Auswahl stehen fünf verschiedene Abendessen und drei Sorten Frühstück, die wir jetzt schon für den nächsten Morgen bestellen können: thailändisch mit Huhn in Reissuppe, kontinental mit Toast und

Marmelade, amerikanisch mit Speck, Omelette und Bratkartoffeln.

Unser Waggon, einer der Schlafwagen, trägt die Nummer 9. In Thailand ist die Neun eine Glücksziffer, weshalb das bekannteste private thailändische Busunternehmen schlicht 999 heißt. An unsere Betten sind die Nummernschildchen 24 und 26 geschraubt. Die gleichen Zahlen sind auf unseren Fahrscheinen vermerkt.

Kaum haben wir Platz genommen, reichen Damen in roten, ein wenig verschlissenen Uniformen Erfrischungsgetränke. Einfache Limonade kostet umgerechnet fünfundsiebzig Cent, eine Dreiviertelliterflasche Klosterbier, ein Lizenzgebräu aus dem bayerischen Neustadt an der Donau, drei Euro. Im Vergleich dazu sind die Dinner-Sets recht preiswert. Zu jedem Menü wird als Dessert Ananas gereicht: drei Stückchen in Form jenes undefinierbaren Vogels, der das Emblem der staatlichen thailändischen Eisenbahngesellschaft ziert.

»Sieht aus wie ein alter Reichsadler«, sagt ein deutscher Mitreisender. Zum Glück versteht der Schaffner, der in Begleitung eines schwer bewaffneten Polizisten die Fahrkarten kontrolliert, keine Fremdsprachen. Er lächelt trotzdem, so wie alle Angestellten der State Railway of Thailand immerzu lächeln. Oder sagen wir: fast alle. Denn eine der Hostessen im knallroten Dress hat sich gehörig erkältet, weshalb ihre schlechte Laune ihr verziehen sei. Dafür lachen sogar die Frauen, die irgendwo unterwegs in den Zug steigen und kurz darauf laut schreiend aus dem Waggon springen, weil die Lokomotive bereits wieder angefahren ist. Sie balancieren große Bambuskörbe vor sich her, aus denen sie den Passagieren appetitlich arrangierte

Kleinigkeiten anbieten: frittierte Bananen, in Bananenblätter gewickelte süße Reisbällchen mit Kokosnusspaste und andere kunstvoll geschnürte Päckchen und Täschchen, deren Inhalt man nur erraten kann.

Hinter Ayutthaya wird es ruhig. Junge Burschen in Uniform haben die Betten heruntergeklappt und die dünnen Matratzen sowie die Kopfkissen mit stark nach Waschpulver riechenden Leintüchern bezogen. Leere Bierflaschen säumen den Korridor, hauptsächlich in der Nähe der deutschen Fahrgäste. Leider werden die Neonlampen an der Decke während der gesamten Fahrt nicht aus- und die stark vergitterten Deckenventilatoren nicht eingeschaltet. Es ist schwül im Waggon. Immerhin gibt es einen hellblauen Bettvorhang, der sich zuziehen lässt. Dahinter ist reichlich Platz, man fühlt sich richtig behaglich. Das monotone Rattern der Zugräder erleichtert das Einschlafen. Sogar die Deutschen geben bald Ruhe. Kurz nach zehn kommt ein weiterer Eisenbahnangestellter, der die leeren Flaschen einsammelt und den Flur mit einem Besen fegt.

In den nächsten Stunden werde ich mehrmals wach. Immer, wenn der Zug irgendwo hält. Fährt er weiter, schlafe ich gleich wieder ein. Um am nächsten Morgen, kurz vor sechs, gut gelaunt den hellblauen Vorhang zur Seite zu schieben. Prompt steht eine der grell uniformierten Damen mit einer Tasse Kaffee bereit: »Dreißig Baht, bitte!« Ihre Frisur sieht noch ein wenig mitgenommen aus, doch das macht nichts. Die junge Frau lächelt, ihre Erkältung scheint sich über Nacht verzogen zu haben. In Kürze, sagt sie in gebrochenem Englisch, werden wir in Chiang Mai ankommen. Deshalb bleibt für ein Frühstück leider keine Zeit mehr. Bestimmt hätte es als Ausgleich zur stark gewürzten Hähnchensuppe wieder hübsch zurechtgeschnippelte Ananasstückchen gegeben.

Bananenblätter statt Plastikteller

Nordthailand: Als »sanfter Tourist« in Ban Huai Hee

Die hundertsiebenunddreißigste Kurve, noch ein Rumpler, ein letzter Erdbuckel. Dann tut sich unverhofft eine Schneise im nordthailändischen Bergwald auf. Zwischen zwei Hügeln liegt eine Senke, durch die eine unbefestigte Straße führt. Links und rechts der gestampften Fahrbahn, auf grob behauenen Holzpfählen, stehen ein paar Bambushütten, von denen die meisten mit grauem, zerzaustem Stroh gedeckt sind. Hinter notdürftigen Umzäunungen scharren Hühner im Staub. Zwischen den Stelzen der einfachen Behausungen laufen Kinder und Haustiere herum.

Dies ist das Dorf Ban Huai Hee. Behäbig reibt ein Wasserbüffel seinen schlammverkrusteten Rücken am Ortsschild und lässt sich auch von den seltenen Jeeps nicht stören, die hier vorbeikommen. Ban Huai Hee liegt knapp dreißig Kilometer vom Provinzhauptstädtchen Mae Hong Son entfernt. Aber die Steigungen sind so steil, die Schotterkurven so eng, dass man trotz Vierradantriebs gut zwei Fahrstunden für die Strecke benötigt. Zur Monsunzeit spült der Regen manchmal so tiefe Rinnen in die holprige Piste, dass tagelang kein Fahrzeug den Weg in »das Tal, in dem der Bambus wächst« findet.

So lautet die thailändische Ortsbezeichnung in der deutschen Übersetzung. Bambusrohre geben am Fuß des Hua-Kai-Berges in der Tat eine alles dominierende natürliche Kulisse ab und liefern einen Rohstoff, der nicht nur beim Hüttenbau Verwendung findet. In den nächsten Tagen werden wir auf Bambusdielen schlafen, an geflochtenen Bambuswänden Poster des thailändischen Königs hängen sehen und unseren Tee, das Wasser und gelegentlich auch löslichen Kaffee aus Bechern trinken, die aus den verholzten Stängeln des tropischen Riesengrases angefertigt wurden. Ganz zum Schluss, am Abreisetag, wird Paji Salewa, unser Gastgeber, uns das Trinkgefäß überdies als Andenken mit auf den Heimweg geben.

Paji, achtundvierzig Jahre alt, arbeitet als Reisbauer, Landwirt und Viehzüchter. Neuerdings darf er sich zudem, wie er seinen Besuchern über den Dolmetscher voller Stolz mitteilen lässt, Gastwirt nennen. Seitdem nämlich von Zeit zu Zeit kleine Reisegruppen nach Ban Huai Hee kommen, nehmen Paji und seine Frau Buebue Gäste bei sich auf. Für sie, wie für die eigene Familie, kocht Buebue dreimal täglich Reis mit Gemüse und Omelette. Manchmal, wenn es im winzigen Dorfladen welche zu kaufen gab, wird obendrein eine Büchse Sardinen geöffnet. Zudem überlässt das Ehepaar den Fremden für zwei oder drei Nächte den einzigen Schlafraum seiner bescheidenen Unterkunft. Dort liegen eine Strohmatte, eine rosa und hellblau getupfte Steppdecke und, als einzige Konzession an westliche Bedürfnisse, ein Moskitonetz bereit. Buebue und Paji schlafen in dieser Zeit nebenan in der Küche, gleich neben dem ewig glimmenden Feuer, dessen Rauch den Raum dunkel und rußig gemacht hat, während Sukjai, die Tochter, für ein paar Nächte bei einer Nachbarsfamilie unterkommt. Sukjais Vater schmunzelt verlegen, als er dem Guide zuflüstert, was wir nur hinter vorgehaltener Hand erfahren dürfen: Zur Familie gehören vier weitere Töchter und zwei Söhne, die derzeit alle außer Haus leben. Glücklicherweise, denn anderenfalls wäre es bei den Salewas ziemlich eng geworden.

Deren Heim besteht aus einer Küche, besagtem Schlafplatz und dazwischen einer Art Veranda, auf der gegessen wird und auf der sich das gesamte innerhäusliche Leben abspielt. Angebaut ist ein kleiner Kornspeicher, in dem der Reis der Familie aufbewahrt wird – das ganze Jahr über ihr Hauptnahrungsmittel und deshalb ihr kostbarster Besitz.

Diese Unterteilung gilt für fast alle Hütten von Ban Huai Hee. Es ist die typische Architektur des Stammes der Karen. Mit einer Viertelmillion Angehöriger stellen die Karen das größte der sechs Bergvölker, die sich seit dem 19. Jahrhundert, aus Südchina, Tibet und Laos kommend, im gebirgigen Norden Thailands, an der Grenze zu Myanmar, niedergelassen haben. Während die Hmong, Mien, Lahu, Akha und Lisu nur selten von sich hören lassen, erregen die Karen immer wieder weltweite Aufmerksamkeit. Seit dem Ende der britischen Kolonialzeit im Jahr 1948 kämpfen die geschätzten vier Millionen Mitglieder dieses Stammes für ihre Unabhängigkeit von Myanmar. Wobei die militanten Rebellen, die als älteste Guerilla-Armee der Welt gelten, vor Waffengebrauch, Überfällen, Geiselnahme und Mord nicht zurückschrecken.

Allein in den letzten Jahren sind annähernd hunderttausend Karen vor Angriffen des birmanischen Militärs über die zweitausendfünfhundert Kilometer lange Grenze nach Thailand geflohen. Sie sorgen für stete Missstimmung zwischen den Regierungen in Bangkok und Naypyidaw und für dauerhafte Probleme der thailändischen Autoritäten mit den ethnischen Minderheiten im Landesnorden. Zwar wurden mit Unterstützung des thailändischen Königspaares verschiedene Programme zur Verbesserung der Situation dieser Flüchtlingsgruppen entwickelt, doch fast ein Drittel der Bergbewohner besitzt noch immer nicht die thailändische Staatsbürgerschaft, verfügt weder über Pass noch über zivile Rechte.

Politische Themen kommen in Ban Huai Hee nicht zur Sprache, zumindest nicht in Anwesenheit der Gäste aus dem Westen. Auch auf heikle Fragen über den seit 1959 offiziell verbotenen, aber offenbar nach wie vor praktizierten Schlafmohnanbau sowie über Menschen- und Drogenschmuggel im berüchtigten »Goldenen Dreieck«, wo Thailand, Myanmar und Laos aneinander grenzen, erhält man von den Fremdenführern bestenfalls ausweichende Antworten. Viel lieber übersetzen sie, wenn die Einheimischen noch etwas scheu, aber durchaus überzeugend von ihren jüngsten Errungenschaften berichten. Elektrizität fehlt zwar noch in ihren Hütten, doch seit Kurzem funktioniert an der Durchgangsstraße ein Satellitentelefon. Im Haus des Dorfvorstehers flimmert sogar, wenn auch nur ein bis zwei Stunden täglich, ein Fernsehapparat, der von Solarzellen gespeist wird.

Das sichtbarste Zeichen für die rezenten Veränderungen aber sind die Wellbleche, mit denen einige der Hütten gedeckt sind. Diesen Luxus können sich manche Dorfbewohner leisten, seitdem auch Ban Huai Hee, wie vorher schon etliche andere Siedlungen in den nordwestlichen Provinzen Mae Hong Son und Chiang Mai, als touristisches Ziel entdeckt wurde. »Viel zu viele dieser Bergdörfer sind dabei, sich hemmungslos an den Fremdenverkehr zu verkaufen und ihre Identität zu verlieren«, bedauert Panudate Chaisagoon, der in Mae Hong Son eine kleine Reiseagentur betreibt. Um dieser Entwicklung entgegenzuwirken, arbeitet Chaisagoon eng mit den Verantwortlichen des Project for Recovery of Life and Culture (PRLC) zusammen. »Weil wir den Tourismus in diesen Gegenden nicht aufhalten können, müssen wir lernen, auf eine für die hier lebenden Menschen und ihre Umwelt verträgliche Weise damit umzugehen«, sagt der PRLC-Leiter Tawatchai Ratanasorn.

In der Praxis heißt das: Die natürlichen Ressourcen müssen besser geschützt werden; allen Beteiligten – sowohl den Reiseveranstaltern als auch der Bevölkerung am Ort und nicht zuletzt den Touristen – soll verantwortungsvolles Handeln beigebracht werden; die Einkünfte aus dem Geschäft mit dem Fremdenverkehr gilt es künftig gerechter zu verteilen und sinnvoller zu investieren.

Ähnliche Vorstellungen vom Ökotourismus, der aber im ehemaligen Siam bislang über gut gemeinte Ansätze nicht hinausgekommen ist, hat die vor rund dreißig Jahren in Bangkok gegründete NGO Thai Volunteer Service. TVS fördert mit Unterstützung ausländischer Institutionen wie Misereor, Brot für die Welt und der Heinrich-Böll-Stiftung Entwicklungshilfeprojekte in ganz Thailand. Während man dem Tourismus anfangs mit radikaler Ablehnung gegenüberstand, tritt TVS seit einigen Jahren und zwecks verstärkter Eigenfinanzierung seiner Aktivitäten selbst als Veranstalter sogenannter »sozial und ökologisch verantwortlicher Reisen« auf.

Homestay, also Unterbringung und Beköstigung in Gastfamilien, lautet die Formel des seit 1995 von TVS geförderten sanften, nachhaltigen Tourismus. Als Zielgruppe wurde zunächst die einheimische Mittelschicht anvisiert. Doch es stellte sich rasch heraus, so Nicole Häusler, eine deutsche Mitarbeiterin von TVS, »dass Thais, die Geld für einen Urlaub haben, lieber nach Italien oder Neuschwanstein fahren, als im eigenen Land ›Ferien auf dem Bauernhof‹ zu buchen«. Mittlerweile umwirbt TVS verstärkt alternativ denkende Europäer und in Bangkok lebende Ausländer, die für ein paar Tage Abstand von der Hektik, dem Stress und dem Smog der Megametropole nehmen wollen. In kleinen Gruppen von maximal zwölf Teilnehmern werden diese Reisenden an ausgesuchte Ziele gelotst, wo gerade der Verzicht auf die gewohnten Annehmlichkeiten den Reiz der Tour ausmacht.

»Wir propagieren genau das Gegenteil dessen, wofür sich die offiziellen Stellen im Land einsetzen«, erklärt Häusler weiter. Tatsächlich jonglieren die Manager der Tourism Authority of Thailand (TAT) am liebsten mit Konzepten, die das durch den Sextourismus lädierte Ansehen des Landes langfristig wieder aufpolieren, aber jeglichen Respekt vor der Natur und den Menschen in den neuen Zielregionen vermissen lassen. Folglich strebt die staatliche Fremdenverkehrspolitik nicht in erster Linie schonenden Qualitätstourismus an, sondern nimmt im Hinblick auf größtmöglichen Profit unkontrollierten Massenbetrieb in Kauf.

Derartige Erfolgsmeldungen kann TVS bislang

nicht verbreiten. Stattdessen sehen die Alternativprojekte, die mit den Partnern vor Ort erarbeitet wurden, auch in Zukunft vor, die Menschen in den besuchten Dörfern sowohl an der Planung und Durchführung der touristischen Initiativen zu beteiligen, als auch sie daran verdienen zu lassen. »Dabei soll der Tourismus eine interessante Nebeneinnahme ermöglichen, aber niemals zur Haupteinkommensquelle werden«, erläutert Häusler. Deshalb werden pro Jahr nur sechs bis acht Gruppen in die einzelnen Dörfer vermittelt, wo die Einheimischen reihum als Gastgeber auftreten. Anderenfalls drohen jene Dörfer, in denen Traditionen, alte Handwerksberufe und kulturelle Eigenheiten heute noch bewusst gepflegt und von Generation zu Generation weitervermittelt werden, morgen zu sterilen Freiluftmuseen zu verkommen.

Noch stehen die Menschen aus Ban Huai Hee nicht in ihren bunten Trachten Spalier oder halten bettelnd die Hand auf, wenn Fremde kommen. Noch ist das Dorfleben keine folkloristische Inszenierung wie beispielsweise in den nicht weit von hier entfernten Padaung-Siedlungen, wo die berühmten »Langhalsfrauen« mit ihren beringten Hälsen wie Attraktionen in einem Kuriositätenkabinett ausgestellt werden und sich gegen Bezahlung begaffen lassen.

Damit Buebue, Paji und ihren Nachbarn dieses Schicksal erspart bleibt, wurden sie zwei Jahre lang gezielt auf ihre neue Rolle vorbereitet. Immer wieder sprachen die Verantwortlichen von TVS und PRLC mit ihnen über die Zwecke und möglichen Auswirkungen des Tourismus auf ihren Alltag. Und am Ende haben sie sich davon überzeugen lassen, dass Westler, die eine Reise in ihr Dorf, in ihre Hütte buchen, ausdrücklich nach der Authentizität des Ursprünglichen, nach der natürlichen Lebensweise suchen. Dass die *farang*, wie wir »Langnasen« in Thailand genannt werden, lieber von Bananenblättern essen als von Plastiktellern, für deren Erwerb die Dorfleute lange sparen mussten. »Das war das Schwierigste«, erinnert sich Nicole Häusler, »den Menschen beizubringen, dass genau das, was sie selbst für modern und fortschrittlich halten, von immer mehr und immer kritischeren Touristen abgelehnt wird.«

Bisher zeigen die vielfältigen Bemühungen jedenfalls die gewünschten Wirkungen. Noch sind Ventilatoren und Matratzen nach westlichem Standard in Ban Huai Hee unbekannt. Nach wie vor gilt, auch für Gäste, das einst von der Dorfgemeinschaft beschlossene Alkoholverbot. Wer duschen möchte, betritt einen schmalen Bretterverschlag, in dem ein mit Wasser gefülltes Fass steht und ein Plastikschüsselchen als Schöpfkelle dient. Die meiste Zeit gehen die Dörfler ihren seit Menschengedenken kaum veränderten Beschäftigungen nach, auch wenn gerade Fremde auf der Dorfstraße, entlang der Reisterrassen oder an den Hängen des nahen Hahnenkamm-Berges, wie der Doi Hua Kai seiner markanten Gipfelform wegen genannt wird, unterwegs sind. Noch passen sich die Besucher dem Lebensrhythmus der Besuchten an und sind dankbar, für kurze Zeit an deren gemächlichem Marsch in die Gegenwart teilnehmen zu dürfen.

Gegen Mittag kommt Paji von der Feldarbeit heim und fegt den kleinen Hof vor der Hütte, bevor er sich seinen vier schwarzen Schweinen widmet, die nebenan auf einer winzigen Koppel an Holzpflöcken festgebunden sind. Nach dem Essen nimmt Buebue an ihrem Webstuhl Platz und lässt das selbst hergestellte Schiffchen zwischen den Fäden hin- und hersausen. Um den Kopf hat sie sich ein buntes Frotteetuch gebunden, das genauso zur typischen Ausstattung der Karen-Frauen gehört wie die mit aufwändigen Stickereien und eingearbeiteten Samenperlen verzierten Baumwollstoffe. Am späten Nachmittag wird die Hausherrin ein paar Kilo Reis aus dem Kornspeicher in einen Bambuskorb füllen und damit zum Haus von Samsieng, ihrer Schwägerin, gehen. Dort werden die ungeschälten Körner in einen runden Holztrog gefüllt und unter tatkräftiger, lautstarker Mithilfe der jüngsten Familienmitglieder mit einem Stößel bearbeitet. Zum Schluss wirft Samsieng die Reiskörner aus flachen Sieben in die Höhe, damit der Wind die Spreu davonweht, während der Reis gesäubert herabfällt. Es ist normal, dass sich mehrere Haushalte einen Reisstampfer teilen und die Frauen einander bei der Küchenarbeit helfen. Genauso wie die Männer einander beim Hausbau zur Hand gehen.

Bald wird auch Sukjai lernen, immer kunstvollere Muster in Röcke und Blusen zu weben und ihre eigenen Kleider zu nähen. Und eines Tages wird sie ebenfalls das lange weiße Baumwollkleid überstreifen, das alle Karen-Mädchen bis zu ihrer Hochzeit tragen. Einstweilen jedoch sitzt die Neunjährige noch über ihren englischen Vokabeln. Mit dem Auswendiglernen kommt sie zügig voran, nur mit der Aussprache hapert es. Manchmal kann der Vater ihr weiterhelfen. Paji hat nämlich von seinen Gästen ein paar Brocken Englisch aufgeschnappt, die er nun mit geradezu kindlicher Unbekümmertheit so oft wie möglich in die ansonsten gestenreichen Unterhaltungen streut. Dabei sollen die Karen, im Gegensatz zu den anderen Bergvölkern dieser Region, gar kein Talent für Sprachen haben! Buebue beispielsweise kann sich auch mit unserem thailändischen Dolmetscher nur mittels Zeichensprache verständigen, weil sie ausschließlich den Dialekt des Karen-Volkes beherrscht. Kein Wunder demnach, dass die weiteste Reise, die sie jemals unternommen hat, sie gerade mal bis nach Mae Hong Son führte. Ihr Mann war zumindest schon zweimal in der Hauptstadt der Nachbarprovinz Chiang Mai, die etwa dreihundert Kilometer von seinem Geburtsort entfernt liegt.

Für westliches Empfinden ist das Leben in Ban Huai Hee sicherlich mühsam und entbehrungsreich. Doch je länger man daran teilnimmt, desto weniger fremd, weniger »primitiv« kommt es einem vor. Schon nach kurzer Zeit beginnt man zu begreifen: Unabhängig von vorhandenem oder mangelndem Komfort beschäftigen die Menschen hier die gleichen Wünsche, Ängste und Sorgen wie anderswo auch.

Diese Erfahrung machte jedenfalls Sören Sahlin, dem wir kurz nach unserer Ankunft zufällig auf der Hauptstraße über den Weg laufen. Der junge Schwede lebt seit vier Wochen im Dorf, abwechselnd bei dieser und bei jener Familie, weil es hier ja nicht nur keine Kneipe, kein Restaurant und keine der gängigen touristischen Sehenswürdigkeiten gibt, sondern selbstverständlich auch kein Hotel, nicht einmal ein schlichtes Gasthaus.

Im Rahmen eines Forschungsprojekts hat der Anthropologiestudent aus Göteborg mit den meisten der hundertfünfzig Einwohner von Ban Huai Hee lange Gespräche über deren Ansichten zur touristischen Entwicklung in der Region und speziell in ihrem Dorf geführt. Noch liegen die Ergebnisse seiner »Feldarbeit« nicht vor, doch so viel lässt sich bereits sagen: Die Einheimischen warten ungeduldig auf weitere Besucher, möchten neue Dinge erfahren und Ideen mit den Fremden austauschen. Gleichfalls wollen sie allen Gästen zeigen, wie intensiv sie sich um den Schutz des tropischen Waldes und um ihre Orchideenplantagen kümmern, wie fleißig sie Englisch lernen, wie glücklich sie sind, den Dorfschmied, den Schreiner und die Näherinnen bei der Arbeit, die Dorfjugend beim Theaterspielen und die Schulkinder beim Singen vorführen zu dürfen.

An unserem letzten Abend glitzert und funkelt es vom makellosen, tiefblauen Firmament, als hätten sich sämtliche Lichter des Universums genau über diesem Fleckchen Erde versammelt. Nirgendwo sonst auf der Welt, sagt man, sei der Sternenhimmel großartiger als im Norden Thailands. Die Nacht über Ban Huai Hee erscheint noch zauberhafter, als die an Nebel, Dunst und Wolken gewöhnten *farang* es jemals für möglich hielten. Ob diese Behauptung auch in unmittelbarer Zukunft noch gilt, wenn, wie geplant, alle fünfundzwanzig Hütten im Tal der Bambusstauden ans Stromnetz angeschlossen werden, das wagt sich in diesem magischen Moment niemand zu fragen.

Das Geld hängt an den Bäumen

Auf dem alljährlichen Kunsthandwerker-Festival in Bo Sang

Nicht einmal sonntags gönnen die Menschen sich ein bisschen Ruhe, vor allem nicht an diesem Wochenende. Schon in aller Frühe schieben sie ihre rollenden Garküchen und Verkaufsstände Richtung Narawat-Brücke, an den Ufern des Flusses Ping entlang, der quer durch Chiang Mai fließt. An besagter Brücke beginnt, nach Osten hin, die Charoen Muang Road. Hier kommen alle vorbei, die am dritten Januarwochenende von Chiang Mai nach Bo Sang wollen. Folglich ist in diesen Tagen genau hier, noch einige Kilometer vom eigentlichen Ort des Geschehens entfernt, mit dem Duft von Knoblauch, Zitronengras, gegrillten Würstchen, Meeresfrüchten und frittierten Teigwaren das große Geschäft zu machen.

Auch ich bin beizeiten auf den Beinen. Schräg gegenüber vom Postgebäude, am Anfang der Charoen Muang Road, so habe ich mir vom Hotelportier erklären lassen, liegt der Bahnhof, wo die Busse nach Bo Sang abfahren. Und wo ebenfalls die roten Sammeltaxis starten – oder sprach er von den weißen? Oder meinte er die gelben?

Da ich im Getümmel weder die Post noch die Busstation finde und zudem die Farbe des richtigen *songthaew* vergessen habe, steige ich schließlich in ein *tuk-tuk*, eine dreirädrige Rikscha. Der Fahrer braucht nicht nach meinem Ziel zu fragen. Heute wünschen alle, die östlich der Narawat-Brücke unterwegs sind, zum Bo Sang Umbrella Festival and Sankamphaeng Handicraft Festival gebracht zu werden. Entsprechend dicht ist der Verkehr: *Tuktuks*, Taxis, Mopeds, Fahrräder, Rikschas, Pick-ups, Pkws, Busse, sogar ein Eselskarren – alles drängt nach Osten.

Es wird eine Fahrt wie durch ein riesiges Einkaufszentrum unter freiem Himmel. Unzählige Juwelier- und Möbelläden, Textil- und Antiquitätengeschäfte, Keramik- und Tischlerateliers säumen die Strecke. Noch größer ist die Konzentration an prächtigen, dekorativ ausgestellten Schirmen, die das staubige Grau der Straßenränder mit grellen Farbklecksen sprenkeln.

Es steht in jedem Reiseführer und ist auch in der Wirklichkeit nicht zu übersehen: Die Umgebung um Chiang Mai gilt als Zentrum des Kunsthandwerks in ganz Südostasien. Hier kann man, wie ein Travel-Guide-Verfasser meint, »ein unglaubliches Aufgebot von Waren erwerben, das wunderbare Holzschnitzereien, Filigran- und Silberschmuck, glasierte Keramik, hochwertige thailändische Seide und anderes Kunsthandwerk, für das diese Region so berühmt ist, umfasst.«

Einmal im Jahr, am dritten Januarwochenende, übernehmen die Schirme die Herrschaft und machen Bo Sang zum Mittelpunkt besagter Gegend. Drei Tage lang herrscht im Schirmmacherdorf eine Mischung aus wieseliger Betriebsamkeit, heiterer Andacht und ausgelassener Karnevalsstimmung. Zehntausende von Besuchern tauchen ein in eine Atmosphäre aus Geschäftigkeit und Ruhe, die – und das ist durchaus kein Widerspruch – trotz des gewaltigen Menschenandrangs in gewissen Momenten geradezu idyllisch wirkt.

Das Dorf selbst hat weder eine aparte Lage noch bemerkenswerte Ecken und auch sonst keinerlei Sehenswürdigkeiten zu bieten. Den Ortskern bildet eine gänzlich charmefreie Kreuzung mit entsprechenden Ampeln, an denen eine viel befahrene Haupt- und nicht minder verkehrsreiche Nebenstraßen zusammenlaufen. Während der Umbrella Fair jedoch verleihen Dekoration und Stimmung sogar diesem drögen öffentlichen Raum einen für moderne thailändische Festivitäten geradezu typischen Reiz.

Von den Fassaden blinken farbige Neonröhren, über die Gassen sind Girlanden aus funkelndem Lametta gespannt, knallbunte Lampions schaukeln im Wind. Aus überdimensionalen Lautsprechern dröhnt der neueste Asia-Pop, der die sanfteren Klänge der Gongs, Trommeln und Zimbeln schlichtweg unter sich begräbt. Es riecht streng nach getrocknetem Tintenfisch, gleichzeitig erfüllt das süßliche Parfüm von Räucherstäbchen die Luft …

Wem der Trubel zu verdanken ist, konnte bislang nicht eindeutig geklärt werden. Historiker meinen, die Schirme seien vor etlichen Jahrhunderten von Immigranten aus der chinesischen Provinz Yünnan nach Bo Sang gebracht worden. Andere behaupten, ein Mann namens Luang Paw Inthaa stehe am Ursprung der nordthailändischen Schirmfabrikation.

Vor etwa hundert Jahren, so will es die Legende, pilgerte dieser Mönch, der in einem Tempel in Bo Sang lebte, an die thailändisch-birmanische Grenze, wo ihm von einem Birmanen ein Schirm geschenkt wurde, wie er zuvor noch nie einen gesehen hatte. Ein wunderbares Stück, das sowohl gegen die Sonne als auch gegen Regen verlässlichen Schutz bot, aus außergewöhnlich leichtem Material bestand und mit ungemein kunstfertigen Mustern dekoriert war. Da Luang Paw Inthaa an lokalen Bräuchen und Traditionen interessiert war, reiste er hinüber nach Birma und besuchte das Dorf, in dem solche Schirme gefertigt wurden. Minutiös hielt er alle Einzelheiten fest: die Prozedur, nach der man aus der Rinde des Maulbeerbaums das später berühmt gewordene Saa-Papier gewinnt, die Mischung aus Kautschuk und Öl, mit der man den Stoff tränken muss, um optimale Wetterfestigkeit zu erreichen. Als Nächstes müssen die biegsamen Bambusstäbe zugeschnitten und ineinandergepasst werden, damit sich ein stabiles Gestänge ergibt. Mit diesem Wissen kehrte der Gottesmann in seine Heimat zurück, fest entschlossen, seine Kenntnisse an die Einwohner von Bo Sang weiterzugeben und sie zur Schirmfabrikation zu animieren.

Was anfangs eher als Hobby praktiziert wurde, entwickelte sich für die Reisbauern allmählich zu einem willkommenen Nebenerwerb. Bald verkauften sich die Schirme aus Bo Sang nicht mehr nur im zehn Kilometer entfernten Chiang Mai, sondern im ganzen Land, so dass immer mehr Dörfler sich ausschließlich deren Herstellung widmeten. 1941 wurde die erste Umbrella Making Cooperative in Bo Sang mit dem Ziel gegründet, die Produktionspalette zu erweitern und deren Vermarktung zu fördern. Fortan war die Karriere des Schirmmacherdorfs nicht mehr aufzuhalten. Inzwischen wird es sogar im Guinness-Buch der Rekorde erwähnt: als Herkunftsort des angeblich größten Schirms, der jemals hergestellt wurde.

Ob dieses einzigartige Exemplar im Kampf gegen Wind und Wetter je zum Einsatz kam, ist nicht überliefert. Fest steht allerdings, dass heute die meisten Schirme – vom Winzling fürs Cocktailglas bis hin zum Riesending mit bis zu fünf Metern Durchmesser, das Gärten, Innenhöfe und Terrassen schmückt – eher als Dekorationsstücke dienen, als dass sie praktische Zwecke erfüllen.

Vom Nützlichkeitszwang befreit, lassen die zeitgenössischen Produzenten ihrer Fantasie freien Lauf. Vor allem die Bemaler des Saa-Papiers erlauben ihrer Inspiration ungehemmte Entfaltung. Längst begnügen sie sich nicht mehr mit der altehrwürdigen Blumen-, Vogel- und Landschaftsthematik. Rambo-Porträts vor Berggipfeln im Mondlicht, röhrende Hirsche an Flusslandschaften und Ledermänner auf Harley Davidsons vor Stelzenhäusern mit Pagodendach – auch so viel zweifelhafter Geschmack verträgt sich inzwischen mit fernöstlichem Kunstverständnis. Und nicht zuletzt belegen die mit viel Liebe, noch mehr Fleiß und unterschiedlich dosiertem Talent auf die Schirme gebannten Motive, dass die Kluft zwischen Können und Wollen eine Menge Platz lässt für so manchen Zwischenton.

Im Umbrella Making Center von Bo Sang erhält der neugierige Besucher anschauliche Beweise für die fließenden Grenzen zwischen Kunst und Kitsch. Hier sitzen die Schirmmacher, hauptsächlich Frauen, Schulter an Schulter und führen ihre handwerklichen Fähigkeiten vor. Mit scharfen Messern schneiden sie die Bambusstäbe zurecht. Mit kräftigen Handgriffen walken und kneten sie das Naturprodukt, aus dem nach vierundzwanzigstündigem

Wasserbad und zwanzigminütiger Trockenzeit das Saa-Papier verfertigt wird.

Nebenan halten die Illustratoren dicke Bücher mit Hunderten von Designvorschlägen bereit. Auch Sonderwünsche erfüllen sie gerne und mit bemerkenswerter Geschwindigkeit. Sogar Jeans, Hemden, Blusen, Rucksäcke und Handtaschen können sich die Besucher nach individuellen Vorstellungen verzieren lassen, falls ihnen der Sinn weder nach zerbrechlich kleinen noch nach sperrig großen Schirmen steht.

Ohnehin ist das Angebot der Kunsthandwerker von Bo Sang längst nicht mehr auf Schirme und Fächer begrenzt. In den Läden und an den Verkaufsständen liegen auch Strohwaren, Objekte aus Silber, Bambus und Teak, Seladon-Keramik und Lackwaren aus. Nicht zu vergessen die Unmengen an namenlosen Gegenständen aus Kleinholz, Elfenbeinimitation und sonstigem Ramsch, den sich einheimische wie ausländische Kunden mit Vorliebe einpacken lassen.

Doch was soll's! Wichtiger als die Originalität der Waren ist das Vergnügen, das die Besucher solchen Veranstaltungen abgewinnen. Hauptsache, sie erfreuen sich an dem abwechslungsreichen Open-Air-Programm, das von morgens neun bis um Mitternacht dauert. Die Palette der fantasievollen Darbietungen reicht von Umzügen und traditionellen Volkstänzen über Mal- und Gesangswettbewerbe bis hin zu Konzerten und Schönheitskonkurrenzen. Letztere scheinen nicht an bestimmte Uhrzeiten und Veranstaltungsorte gebunden. Drei Tage lang ist ganz Bo Sang eine große Bühne und die Hauptstraße ein einziger Laufsteg, auf dem die Kandidatinnen sich ungeniert zeigen.

Würdevoll und mit Sanftmut im Blick trippeln

die jungen Frauen durch das Städtchen. Anmutig drehen sie die Schirme, die ihnen lässig über der Schulter lehnen. Mit unverhohlenem Selbstbewusstsein tragen sie ihre kunstvoll arrangierten Frisuren, ihr makelloses Make-up und die eleganten Seidengewänder zur Schau, die auch Sirikit, die derzeitige Königin Thailands, bei ihren öffentlichen Auftritten so gerne vorführt. Die Monarchin, übrigens eine unermüdliche Förderin des thailändischen Kunsthandwerks, war es, die ab den siebziger Jahren des 20. Jahrhunderts den Kleidergeschmack der modebewussten Thai-Frauen nachhaltig prägte.

Für westliche Augen am spektakulärsten ist aber wohl der Anblick der sonderbaren Bäume, die während des Kunsthandwerker-Festivals in Bo Sang unterwegs sind. Sie stehen, bestens bewacht von aufmerksamen Begleitpersonen, auf der Ladefläche offener Kastenwagen und an ihren von den Blättern befreiten Ästen baumeln Hunderte von – echten! – Geldscheinen. Mit dieser Spende, so lasse ich mir sagen, wird irgendeiner Gottheit gedankt, deren Namen ich nicht verstanden habe und unter deren Zuständigkeitsbereich ich mir nichts vorstellen kann. Ich sehe nur, wie andächtig manche Passanten sich am Straßenrand vor dem ungewohnten Baumschmuck verneigen und zum Gruß die Nase an die gefalteten Hände stupsen.

Nur in diesen Momenten kommen die Menschen für ein paar Sekunden zur Ruhe. In sich gekehrt, das laute, bunte Treiben um sich herum für ein Weilchen vergessend, schauen sie der Geldpracht hinterher, bis sie hinter der nächsten Kurve verschwindet.

Unterwegs ins Nirwana

Auf dem Frühmarkt in Mae Hong Son

Morgens gegen sechs im nordthailändischen Bergstädtchen Mae Hong Son. Kaum hat ein Sonnenstrahl die Erde berührt, treten die ersten Mönche in ihren safrangelben Gewändern aus dem Kloster. Barfuß, einige wenige in ausgetretenen Plastiksandalen, wandern sie am Ufer des kleinen Sees entlang, der am südöstlichen Ortsrand liegt. Jeder trägt eine Blechschüssel unter dem Arm. *Bhikkhus*, Bettelmönche, werden diese Männer, manche von ihnen noch Kinder, genannt. Dabei betteln sie gar nicht, sondern nehmen Morgen für Morgen die Almosen in Empfang, die ihre Lebensgrundlage sind und die Gläubige immer wieder in ihre Schalen füllen.

In Thailand gibt es zweiunddreißigtausend Klöster und Tempel, knapp eine halbe Million Mönche und zehntausend Nonnen. In Mae Hong Son machen sich jeden Tag, unmittelbar nach Sonnenaufgang, zwei bis drei Dutzend Mönche auf den Weg zum Morgenmarkt. Lautlos, stumm, mit bloßen Füßen und kahl geschorenem Kopf. Am Rande des Marktplatzes warten dann bereits, in einer langen Reihe aufgestellt, die Spender mit Reis, Nudeln, Mehl, Obst, Gemüse und Kuchen, gebratenen, frittierten und gekochten Speisen, manchmal auch Bonbons und Zigaretten. Einer nach dem anderen nehmen die *bhikkhus* die Gaben in Empfang, ohne die Geber anzuschauen, die ihrerseits nur wortlos mit dem Kopf nicken, die Handflächen auf Nasenhöhe zusammenlegen und unendlich dankbar dafür sind, dass sie etwas Gutes, etwas Nützliches tun dürfen, einen weiteren Schritt in Richtung Nirwana zurücklegen können. Das ist jene letzte, höchste Stufe der buddhistischen Existenz, an der der Zyklus der ständigen Wiedergeburten endet und Verlangen, Gier, Hass und Unwissen verlöschen, also alles Leid des menschlichen Daseins ein für alle Mal überwunden ist.

An diesem Morgen hat sich eine dritte Gruppe von Menschen am Straßenrand aufgereiht: Touristen. Mit Videokamera und Fotoapparat ausgerüstet, mit Jacken und Wollpullovern bekleidet und dennoch leicht fröstelnd, weil die Nächte und frühen Morgenstunden in den nordthailändischen Bergen im Februar ziemlich kühl sind. Stumm, gebannt, ratlos beobachten die Fremden die seltsame, weltentrückte Zeremonie. Doch am Ende ist ihre Ehrfurcht vor so viel Religiosität trotzdem nicht groß genug. Unentwegt surren die Kameras, klicken die Auslöser. Die Unverfrorensten stellen sich den Mönchen und ihren Wohltätern förmlich in den Weg, während diese derartige Störungen mit Würde und Demut über sich ergehen lassen.

Nicht einmal eine Stunde später haben sich auch die letzten frommen Männer mit ihren gut gefüllten Schüsseln auf den Heimweg gemacht. Bald sitzen sie im Gemeinschaftszimmer ihres Tempels, *wat*, und essen so viel Reis, Obst und Gemüse, dass sie bis zum nächsten Morgen keinen Hunger mehr verspüren. Dies wird die einzige Mahlzeit ihres Tages bleiben. Nach der Mittagsstunde dürfen sie nur noch Flüssiges zu sich nehmen.

Allmählich beginnen auch die Händler mit dem Abbau ihrer Stände. Um zehn Uhr vormittags lohnt sich der Gang über den Frühmarkt von Mae Hong Son nicht mehr. Dann riechen die Fische, das Fleisch hat eine komische Farbe angenommen, das Gemüse ist welk geworden, die Spießchen sehen unappetitlich rußig aus, weil sie zu lange über dem Grillfeuer lagen. Das süße Gebäck ist so weit abgekühlt, dass es nur noch nach ranzigem Fett schmeckt. Dafür scheint nun die Sonne, so heiß und so grell, dass sich sogar die Fremden, die doch sonst nie genug davon bekommen können, in den Schatten verdrücken und die Verschlusszeiten ihrer Kameras neu einstellen.

Wappentier in Gefahr

Begegnungen mit den vom Aussterben bedrohten asiatischen Elefanten

Plötzlich ist ein dumpfes, lang gezogenes Trompeten zu hören, das so gar nicht zu den üblichen Straßengeräuschen Bangkoks passen will. Dann fällt mit einem Mal ein Schatten auf den spärlich beleuchteten Bürgersteig. Im Nu wird es noch dunkler, als es ohnehin ist. Die Passanten reagieren mit instinktivem Erschrecken, dem ungläubiges Staunen folgt. Vor ihnen steht, mitten im dichten Feierabendverkehr und als unverkennbare Silhouette vor der Wolkenkratzerkulisse: ein Elefant.

Eigentlich dürfte es dieses unwirklich anmutende Bild gar nicht mehr geben. Ein Erlass vom Februar 1995 hat die Elefanten offiziell aus Bangkok verbannt – nicht so sehr aus Sorge um die Gesundheit der Tiere, sondern vielmehr, um die ohnehin chaotische Verkehrssituation in der Vierzehn-Millionen-Einwohner-Metropole nicht noch mehr zu verschlimmern. Doch mit dem Einhalten der Vorschriften tun sich die Sicherheitsbeamten schwer. Wo sollen sie hin mit den aufgegriffenen Tieren? Und so streunen immer noch einige Dutzend Dickhäuter – manche sogar vorne und hinten mit Scheinwerfern ausgestattet, damit sie nachts besser zu sehen sind – durch Bangkoks Hochhausschluchten. Aus purer Not. Denn die Zeiten, als Elefanten und auch ihre Betreuer, die *mahouts*, ihr Einkommen in der Holzindustrie des Landes hatten, sind seit dem 11. Januar 1989 endgültig vorbei. An jenem Tag wurde die kommerzielle Abholzung der thailändischen Wälder vom König höchstpersönlich verboten. Und die Tiere, die jahrelang schwere Baumstämme schleppten und die man zwecks Leistungssteigerung auch schon mal mit Amphetaminen aufputschte, wurden arbeitslos.

Bereits in den Jahrzehnten zuvor waren ihr Tätigkeitsbereich und ihr Lebensraum drastisch geschrumpft. Während noch vor sechzig Jahren halb Thailand, das »klassische« Elefantenland, aus Wald bestand, sind bis heute achtzig Prozent der Fläche gerodet und durch maschinell leichter und schneller zu bearbeitende Eukalyptus-, Kautschuk-, Teak- und Pinienplantagen ersetzt worden. Auch Wilderer und Elfenbeinjäger haben die Population des asiatischen Elefanten derart dezimiert, dass er inzwischen auf der Liste der bedrohten Tierarten steht.

Welch ein Abstieg für das Rüsseltier, das einst der Stolz eines ganzen Volkes, Ikone seiner Kunst und Architektur sowie in Kriegszeiten treuer Gefährte seiner Könige war! Statt, wie zu Zeiten des alten Siam, Münzen und die Nationalflagge zu zieren und als lebende Panzer in die Schlachten der thailändischen Herrscher zu ziehen, ist der *chang*, wie der Großsäuger in der Sprache der Einheimischen heißt, zu einer häufig bemitleidenswerten Touristenattraktion verkommen. Vergessen scheint auf einmal die Ehrfurcht, die Ganesh, dem elefantenköpfigen Gott des Reichtums und der Weisheit, in der hinduistischen Mythologie entgegengebracht wird. Unwichtig die Tatsache, dass der Dickhäuter den Buddhisten als heiliges Friedenssymbol gilt und der dreiköpfige Elefant Erawan die Macht des Herrschers verkörpert.

Dabei tritt das Rüsseltier nicht nur in zahlreichen alten asiatischen Sagen als Heilsversprecher auf. Glück bei Schwangerschaften soll es auch heute noch den Mädchen und Frauen bringen, die – gegen Entgelt natürlich – dreimal unter seinem Bauch hindurchkriechen. Bei Männern freilich genügt es, wenn sie ihm eine Münze übergeben und zum Dank und als Segen einen sanften Rüsselstupser auf den Kopf bekommen.

Derlei metaphysische Eigenschaften des Tieres sind an diesem Abend höchstens zu erahnen. Mit schweren, torkelnden Schritten begibt sich der sichtlich verstörte Stadtelefant auf Touristenfang. Am Ende des Rüssels jongliert er eine Mundharmonika, der er schrille, unkoordinierte Töne entlockt. Seine Begleiter halten den Kopf gesenkt, wenn sie die Vorbeikommenden um eine milde Gabe bitten. Ein traurig stimmender Anblick, doch zur Versorgung und Ernährung ihrer Schützlinge ist die Betteltour bitter nötig. Der ausgewachsene, bis zu vier Tonnen schwere Vegetarier braucht täglich rund hundertfünfzig Kilo Grünzeug und zweihundert Liter Wasser. Den Elefantentreibern ist anzusehen, dass sie das Geld dafür aus eigener Tasche kaum aufbringen können. Also heischen sie Mitleid und hoffen auf die Barmherzigkeit der Touristen. Oder sie bieten Zuckerrohr, Bambusbündel und Bananenstauden feil, die spendierfreudige Käufer eigenhändig an die ausgemergelten Tiere verfüttern dürfen.

In dem Dorf Thung Kwian, unweit des nordthailändischen Städtchens Lampang, siebzig Kilometer südlich von Chiang Mai gelegen, wurde diese Überlebensstrategie verfeinert und sozusagen institutionalisiert. Am 4. März 1992 eröffnete die thailändische Prinzessin Maha Chakri Sirindhorn auf einem siebenhundertzweiundsechzig Rai (ein Rai sind tausendsechshundert Quadratmeter) großen Areal das staatliche Thai Elephant Conservation Center, gleichzeitig Refugium, Naturkundemuseum und Hospiz für alte und kranke Tiere. Ursprünglich sollte sich die Einrichtung, die von der thailändischen Forstverwaltung betrieben wird und dem Landwirtschaftsministerium untersteht, der Ausbildung junger Tiere widmen. Weil der Bedarf an Arbeitselefanten in der rezenten Vergangenheit jedoch massiv gesunken ist, haben sich die Betreiber verstärkt dem Erhalt der aussterbenden Spezies verschrieben. Dazu gehören auch Maßnahmen, mit denen die Öffentlichkeit für die Bedeutung und das Schicksal der Tiere sensibilisiert werden soll. Den Erfolg des ehrgeizigen Projekts belegt ein Schild am Eingang zum Camp. Darauf steht zu lesen, dass der Anlage 1998 der Thailand Tourism Award verliehen wurde.

Diese Auszeichnung bedeutet allerdings auch: Ohne Shows und allerlei Kunststücke, bei deren Vermarktung die Elefanten als Hauptakteure auftreten, sind die gesteckten Ziele nur schwerlich zu erreichen. Sehr zum Missfallen der immer wieder auf den Plan tretenden Tierschützer, die sich daran stören, dass die Pachyderme bei diesen Initiativen zur Geldbeschaffung als Akrobaten und Clowns vorgeführt und zum Objekt touristischer Schaulust degradiert werden. Und das nicht nur in Thung Kwian. Auch an vielen anderen Orten Thailands zählen Elefantenritte, gar mehrtägige Trekkings auf dem Rücken der

Dickhäuter längst ebenso zu den Glanzlichtern des Fremdenverkehrsangebots wie Fußball- und Polospiele, Tänze, Wettrennen und Tauziehen, mit denen die Elefanten die Zuschauer unterhalten sollen.

Das Trainingslager und Schutzzentrum am Highway Nummer 11 von Chiang Mai nach Lampang, in dem derzeit etwa fünfzig Tiere untergebracht sind, präsentiert sich als zugleich freundliches und zweckmäßig eingerichtetes Idyll mit Gästeparkplatz. Asphaltierte Wege führen an adrett gestutzten Rasenflächen vorbei zu den einzelnen Vorführplätzen und Gebäuden. Ein kleiner See mit dicht bepflanzten Ufern inmitten eines wieder aufgeforsteten Teakwäldchens gibt den perfekten Hintergrund für die Darbietungen der Jumbos und ihrer Ausbilder ab: asiatische Naturlandschaft wie aus dem Bilderbuch, inklusive Einheimischen in dunkelblauen Arbeitsuniformen und mit pagodenförmigen Sonnenhüten auf dem Kopf.

Zweimal, an den Wochenenden dreimal täglich nehmen die Besucherscharen auf den schattigen Holzbänken der Anlage Platz. Gleich beim Einmarsch der vierzehnköpfigen Herde in die Arena entlädt sich die erwartungsvolle Spannung in begeistertem Applaus. Besonders Kinderaugen leuchten, als die Kolosse sich in majestätischem Wiegeschritt nähern. Erstes Gelächter kommt von den Rängen, als das kleinste Tier gleich zu Beginn der Vorführung an einem Mast die thailändische Fahne hisst. Dann kann es losgehen, das Spektakel, das die Verantwortlichen als »einzige öko-freundliche Show in ganz Thailand« rühmen. Über Lautsprecher werden ein paar allgemeine Erklärungen abgegeben. Zur Begrüßung der Gäste stellen sich die dressierten

Akteure der Größe nach in einer Reihe auf und machen einen artigen Knicks. Beifall. Dann drehen sie, Rüssel an Schwanz, eine Runde im Gänsemarsch, als plötzlich eines der Tiere aus dem Verbund ausschert, zu einem Wasserhahn trottet, diesen mit dem Rüssel aufdreht und ausgiebig zu trinken beginnt. Noch mehr Applaus braust auf, als sich die Kolosse auf Kommando seitlich auf die Erde sinken lassen, den Kopf neigen und ein Nickerchen mimen. Dann setzen sie sich auf ihr Hinterteil, hieven ihren *mahout* mit dem Kopf in die Höhe, richten sich wieder auf, schwenken verspielt den Rüssel und fächeln kurz mit den Ohren, um sich anschließend an die wahre Arbeit zu machen. Allein, zu zweit oder in der Gruppe Baumstämme schleppen, mit dem gebogenen Rüssel runde Hölzer über den Boden rollen und zu kleinen Pyramiden stapeln, an Ketten oder Seilen befestigte Klötze von hier nach dort zerren – mit diesen Aktionen beweisen die gezähmten Wesen nicht nur ihre Kraft und Geschicklichkeit, sondern erinnern auch daran, wie einst ihr mühsamer Alltag in Thailands Wäldern aussah.

Vor hundert Jahren waren Elefanten als Lastträger unentbehrlich, zu Zehntausenden beförderten sie die schweren Stämme aus den Bergregionen zum nächsten Fluss. Sogar noch vor einem Vierteljahrhundert waren landesweit etwa zwölftausend Arbeitselefanten im Einsatz. Vierzig Jahre lang schuftete ein Tier im Durchschnitt, bis zu seiner Pensionierung mit etwa fünfundsechzig. Heute jedoch ist die Zahl der domestizierten Dickhäuter – laut optimistischen Schätzungen – auf unter dreitausend gesunken. In freier Wildbahn, meist in den vierundsiebzig Nationalparks des Landes, leben gar weniger als zweitausend. Letztere geraten immer dann in die Schlagzeilen, wenn eines der Tiere auf seiner stets schwieriger werdenden Nahrungssuche in ein Korn- oder Reisfeld geraten ist, sich womöglich in eine Wohnsiedlung verirrt hat und daraufhin von aufgebrachten Dörflern gejagt, verletzt oder gar getötet wird. Wenn es um ihr eigenes Überleben geht, kennen die Menschen keine Gnade für Thailands Symboltier und keinen Respekt vor dessen historisch-religiöser Einzigartigkeit.

Die Basisausbildung der Jungelefanten dauert vier bis fünf Jahre. Ihr Schultag beginnt täglich um sechs Uhr früh und geht bis Mittag, an zwei Wochenend- und an buddhistischen Feiertagen sowie in den dreimonatigen Sommerferien haben sie frei. In einer ersten Phase lernen sie das Hinknien, das Aufheben und Abtransportieren von Gegenständen. Später bringt man ihnen bei, den Befehlen des *mahout*, der in ihrem Nacken sitzt, zu gehorchen: Ein Wort, ein Fußdruck hinter das Ohr, dann und wann ein Hieb mit dem eisernen Haken und die Tiere wissen, in welche Richtung sie sich bewegen, welche Übung sie ausführen müssen. Das Abrichten zu vollwertigen, unabhängigen Arbeitstieren dauert in der Regel zwanzig Jahre.

Die täglichen Darbietungen im Conservation Center enden mit anschaulichen Beispielen der Intelligenz und des künstlerischen Talents der Dickhäuter. Ihre *mahouts* bringen Staffeleien, überdimensionale Pinsel, Farbtöpfe und Leinwände herbei, während die Lautsprecherstimme stolz verkündet, bei welchen Auktionen und zu welchen Preisen die bunten Werke der vierbeinigen Künstler bereits Abnehmer fanden. Auch musikalische Veranlagung wird im Zentrum gefördert, wie das Xylofon spielende Elefantenbaby beweist. Behände schlägt es mit dem etwas klobigen Schlegel in seinem Rüssel das Instrument aus hohlen Bambusstäben an. Erneut spendet das Publikum großzügig Beifall, worüber sich auch der Dickhäuter zu freuen scheint. Von Nahem wirkt der Glanz in seinen Augen wie ein verschmitztes Lächeln – ein Lächeln, das einem auch nach dem Ende der Schau so bald nicht wieder aus dem Sinn geht.

In den Ausstellungs-, Informations- und Verkaufsräumen am Ausgang des Camps wird die Liebe zum Tier in Bares umgesetzt. Auf den Souvenirregalen sind Elefanten in allen Größen, Formen, Farben und Materialien im Angebot: als in Holz geschnitzte Schlüsselanhänger und als blecherne Anhängsel fürs Jackenrevers; als gestickte Kopfkissen-, Zierdeckchen- und Handtäschchenmotive; als gestanzte Figuren auf den Deckeln von Notizblöcken mit Blättern aus Elefantendung.

Schräg gegenüber, auf der anderen Seite der geteerten Piste, stehen die Menschen am Fuße einer Art Hochsitz Schlange. Über Leitern und Treppen gelangt man auf ein Podest, von dem aus der Einstieg in die auf die breiten Elefantenrücken geschnallten Sitzkörbe nicht mehr schwer fällt. Geduldig wartet der *mahout,* bis die Reisenden Platz genommen und die bunten Sonnenschirme aufgespannt haben. Nun kann die gepolsterte Entdeckungstour um den See beginnen. Sicheren Fußes und im Schritttempo schaukeln die Dickhäuter mit ihrer Fracht durch die malerische Szenerie.

Ungleich bescheidener als in den Andenkenläden und am Start zur Minisafari ist der Andrang im nur wenige Gehminuten entfernten Elefantenhospital. In dieser Station unter freiem Himmel werden seit 1995 kranke und verletzte Tiere behandelt. Mit chirurgischem Besteck, dessen Dimensionen der Größe der Patienten bestens entsprechen. An das Spielzeug von Riesen erinnern die bereitliegenden Spritzen, Kanülen, Schaber und Messer. Mit einem Gartenschlauch wird die offene Wunde am vereiterten Fuß eines Dickhäuters bespritzt, der, wie einer der Ärzte erklärt, beim Waldspaziergang in ein Bambusrohr getreten ist und sich eine schmerzhafte Entzündung zugezogen hat. Abschließend wird das halbe Bein mit weißem Mull umwickelt und dieser Verband mit breiten Klebestreifen befestigt. Mehrere Tage muss das Tier nun auf drei Beinen ausharren. Und etliche Wochen wird es dauern, bevor es erneut bei den publikumswirksamen Vorführungen oder bei Sightseeing-Exkursionen als lebendiger Untersatz zum Einsatz kommen wird.

Vor dem Glück kommt der Schmerz

Thai-Massage: Körper- und Seelentherapie in Chiang Mai

Der Weg zu meiner ersten Massage ist lang und staubig. Vor allem ist er schwer zu finden. Er führe, so habe ich mir sagen lassen, am historischen Stadtkern von Chiang Mai entlang, der teilweise noch von der mittelalterlichen Stadtmauer mit ihren Toren und Wachtürmen umgeben ist. Dort irgendwo soll ich nach Südwesten abbiegen – aber wo?

Ich bin zu Fuß unterwegs. Was möglicherweise ein Fehler ist. Die Einheimischen haben sich vor der Nachmittagssonne in ihre Wohnungen und Läden verzogen. Wer draußen ist, sitzt irgendwo im Schatten eines Baumes, einer Mauer, bei einem kühlen Getränk unter einer Markise. Nur Motorisierte trotzen der schadstoffgetränkten Hitze. Gleißendes Licht spiegelt sich im Wassergraben, der die Altstadt von der viel befahrenen Umgehungsstraße trennt. Vom Smog brennen die Augen, jeder Schritt ähnelt einer Berührung mit heißen Kohlen.

Herrlich muss es sein, endlich das Old Medicine Hospital zu betreten, das in einem Werbeprospekt als »Wellness Wonderland« beschrieben wird. Einen Zettel mit der Adresse habe ich in der Hosentasche: 238/8 Wuolai Road. Doch mit der Nummerierung der Gebäude scheint man es nicht so genau zu nehmen. Auch nicht mit den Richtungen, in die man den Fremden weist. Niemand gibt zu, dass er von jener

Einrichtung noch nie etwas gehört hat. Und immer dann, wenn man ein Taxi oder ein *tuk-tuk* am dringendsten benötigt, kommt keines vorbei.

Also weitermarschieren, weitersuchen. Bis gegenüber vom Kulturzentrum der Stadt ein junger Schmied die Schutzbrille absetzt, den Lötapparat ausschaltet und mit einer schlichten Geste Erlösung von Ruß, Staub und Abgasen bringt: »Hier, gleich um die Ecke!«

Am Ende einer Sackgasse stehen drei Gebäude um einen winzigen Hof, dessen Mitte ein kläglich sprudelnder Springbrunnen ziert. Weiter hinten wummert eine Betonmischmaschine. Es wird gehämmert, neben einem Ziegelhaufen lodert ein Feuerchen. Es riecht nach verschmorten Autoreifen, ein Hund streunt um die Beine einer verlassenen Sitzbank, in einem Abfallhaufen wühlt ein Kätzchen.

Unter einem Krankenhaus stellt man sich normalerweise etwas anderes vor. Doch das zweisprachige Schild an der Fassade des Hauptgebäudes zerstreut jeden Zweifel: Traditional Thai Medicine, Herbal Sauna and Massage School. Wo die Maurer, Schlosser und Schreiner am Werk sind, so werde ich später erfahren, entsteht gerade der neueste, der dritte Anbau der Privatklinik. Dann kommt auch schon Sinthorn Chaichakan, der Besitzer und Oberarzt. Der etwa siebzigjährige Mann im blauen Kittel spricht schnell, auch mit den Händen und kaum ein Wort Englisch. Zum Glück steht ihm Deaw, seine engste Mitarbeiterin, als Dolmetscherin zur Seite. Deaw führt mich herum, zur Rezeption, wo drei Damen gerade Tee trinken, durch die Behandlungszimmer und in die Büros, wo Natdinee, die Chefsekretärin, auf ihrem Taschenrechner klimpert.

Zuletzt zeigt Deaw mir die hauseigene Apotheke. Schränke füllen zwei Wände bis unter die Decke. In Dutzenden von Schubladen lagern die getrockneten Kräuter, Wurzeln und Rinden, die der Klinikchef höchstpersönlich in den Wäldern, auf den Feldern und Wiesen Nordthailands zu sammeln pflegt. Er allein kennt die Geheimnisse der Rezepturen, er weiß, wie die verschiedenen Mittel zu kombinieren sind. Angeblich basiert die mit dem indischen Ayurveda und der chinesischen Heilkunde verwandte Thai-Medizin auf mehr als siebenhundert Heilpflanzen – etliche davon werden in Mister Chaichakans Schatzkammer aufbewahrt.

Vor über fünfzig Jahren gründete der Allgemeinmediziner sein Hospital, in dem ausschließlich nach alten asiatischen Methoden praktiziert wird. Angegliedert ist die Thai Massage School Shivagakomarpaj. Seit zwanzig Jahren können hier auch Ausländer die Kunst der traditionellen Thai-Massage erlernen und in Theorie und Praxis erfahren, wie man sich selbst und anderen Gutes tut. Zehn Tage dauert ein Kurs. Er kostet umgerechnet hundert Euro und wird im Erfolgsfall mit einem vom thailändischen Bildungsministerium abgesegneten Diplom belohnt. Mehr als zwanzigtausend Absolventen, davon gut die Hälfte Nicht-Thais, verzeichnen Natdinees Geschäftsbücher mit Name und Adresse.

Jetzt kann es bis zu meiner ersten Massage nicht mehr lange dauern. Schuhe aus, Treppe hoch, Tür auf zu einem Raum, der mit nichts als ein paar Schaumstoffmatratzen und einem sanft summenden Standventilator ausgestattet ist – kein Vergleich mit jenen Etablissements, die sich in vielen thailändischen Städten als Massagesalons tarnen und körperbetonte Dienste ganz anderer Natur anbieten.

Auch die Handgriffe, die Sasithon ausübt, haben nur sehr entfernt Ähnlichkeit mit denen in zwielichtigen Straßenshops. Die Dreiundvierzigjährige erwartet mich schon, barfuß vor einer der Matratzen kniend. Zwei weitere Therapeutinnen stehen am Fenster und kichern. Es geht gleich los. Sasithon nimmt mich bei der Hand, lächelt. Hinlegen soll ich mich – vollständig bekleidet, bitte! – und mich einfach entspannen. Als wäre das so leicht, vor der ersten Massage meines Lebens. Und ohne den Duft von Lotusblüten und Räucherstäbchen, ohne dünne Kerzen und Ölfläschchen – was man sich halt so vorstellt, wenn man keine Ahnung hat. Oder bloß gelesen hat, dass Massagen die einfachste und älteste Form der Körpertherapie sind und bereits vor zweitausendfünfhundert Jahren angewandt wurden. Sie sollen Körper und Seele miteinander in Einklang bringen, Schmerzen lindern, Verspannungen lösen. Angeblich können Thai-Massagen sogar epileptische Anfälle, Lähmungen und Sprachfehler heilen.

Vor der Harmonie im Hier und Jetzt allerdings kommt der Schmerz. Der beginnt in den Füßen, wenn Sasithon mit beiden Daumen fest auf die Fußsohlen drückt, die Zehen lang zieht, die Ferse streckt. Es folgen die Waden, die geknetet, die Knie, die beklopft und gepresst, die Oberschenkel, die gewalkt und gestriegelt werden. Dazu ein paar medizinische Erläuterungen, die das minutenlange Schweigen der sanften Frau mit den starken Händen gelegentlich unterbrechen. Allmählich spüre und begreife ich, was es mit der Energie auf sich hat, die durch die Meridiane, Venen und Muskeln fließen muss, damit sich Wohlgefühl einstellen kann. Körperliches und seelisches Behagen, das nicht nur ein exotisches Erlebnis, sondern auch eine ganz neue sinnliche Erfahrung vermittelt.

Zwei Stunden lang nimmt Sasithon, eine der fünfundvierzig Angestellten des Old Medicine Hospital, den Neuling in die Mangel – und verdient, wie sie erzählt, in dieser Zeit achtzig Baht, umgerechnet zwei Euro. Nicht viel für eine Tätigkeit, die an harte Arbeit grenzt und trotz Ventilator nicht nur die Masseurin ins Schwitzen bringt. Jeder steife Muskel, jede verkrampfte Sehne will gelockert werden. Sämtliche Finger werden gedehnt, bis es knackt. Selbst das Bezupfen der Ohrläppchen erfüllt seinen Zweck: Es soll im Nu Kopfschmerzen vertreiben. Genussvolle Entspannung verspricht Sasithon, wenn sie die Handballen über meine Schläfen kreisen lässt, die Kopfhaut massiert, auf einzelne Punkte im Gesicht drückt.

Langsam gelangt die Behandlung an ihr Ziel: Der Körper gleitet über in meditative Ruhe und lässt sich alles gefallen. Am Ende tut es nicht einmal mehr weh, wenn die Körpertherapeutin mir mit beiden Füßen in den Rücken tritt, sich mit ihrem ganzen – zugegeben: nicht allzu stattlichen – Gewicht auf meine Oberschenkel und Arme stellt. Im Gegenteil. Jede Berührung beglückt, jeder Kunstgriff kommt einer Liebkosung gleich, nach und nach entfaltet sich unter jedem Zentimeter Haut tiefe Zufriedenheit.

Ein Dankes- und ein Abschiedswort an Mister Chaichakan und an seine Assistentin, dann trete ich leicht und beschwingt erneut ins großstädtische Leben. Selbst das Treiben in den Straßen von Chiang Mai kommt mir auf einmal weniger aufreibend vor.

Sogar ein Dreiradtaxi scheint an der nächsten Ecke extra auf mich gewartet zu haben. Schade, dass die Wirkung meiner ersten Massage nicht lange genug anhält. Eigentlich sollte man sich fortan jeden Tag auf diese Weise verwöhnen lassen.

Schlaflos im Schlaraffenland

Käuflich ist alles: das Echte, das Falsche und die echte Fälschung

Einen leeren Koffer und eine Kreditkarte – mehr braucht man nicht, um nach Thailand zu reisen. Auch wer glaubt, gegen das Laster Kaufrausch immun zu sein, sollte auf diesen Rat erprobter Asienfahrer hören. Ja, gerade den Sparsamsten sind entsprechende Vorkehrungen zu empfehlen. Andernfalls werden sie sich spätestens beim Heimflug gründlich darüber ärgern, tausend günstige Gelegenheiten zur Schnäppchenjagd verpasst zu haben.

Sale! Eighty percent off! Duty-free! Pay two, take three! Solche Offerten bieten sich an jedem thailändischen Straßenrand, auf jedem Markt, in jedem Einkaufszentrum. Und die gibt es in sämtlichen Groß- und Kleinstädten des Landes, in allen Dörfern und sogar in den entlegensten Kaffs. Thailand – ein Land im Konsumtaumel. Mittendrin der *farang*, dem vor lauter Originalprodukten und unverkennbaren Fälschungen, vor der schieren Masse an echter Ware und wahren Kopien schlichtweg schwindelig wird.

Auf unsicherstes Terrain locken den kaufwilligen Ausländer die zahllosen Märkte: Nachtmärkte, Wochenendmärkte, Fluss- und Flohmärkte, Pflanzen- und Tiermärkte, Antiquitäten- und Kunsthandwerksmärkte – die Auswahl ist so unübersichtlich wie das Angebot, und die Qualität der Fabrikate so ungewiss wie ihre Herkunft. Nur eines stimmt garantiert: ihr unschlagbar niedriger Preis. Er macht jedes Schnäppchen gewissermaßen zum Schnapp – und schon schnappt die Fake-Falle zu!

Thailand – Weltmetropole der Fälschungen und Fälscher. Vor Kopien ist nichts sicher: Nobelmarken und Luxusaccessoires, Unterhaltungselektronik und Designermode, Kosmetika, Arzneien und Autoersatzteile, Soft- und Hardware für Computer, Handtaschen, Uhren, Gürtel und Sandalen, Whisky, Shampoos und Schokoriegel. Wem das Illegale egal ist, für den ist im thailändischen Shopping-Dschungel alles käuflich, und das von morgens früh bis lange nach Mitternacht.

Hält man allerdings darauf, dass das Krokodil auf die richtige Brustseite des Lacoste-Hemdes genäht ist, verlegt man seinen Beutezug am besten in die einschlägigen Kaufhäuser: Discovery Center am Siam Square, Times Square und Emporium an der Sukhumvit Road, Robinson und Central, Amarin Plaza, Peninsula Plaza, World Trade Center an der Ploenchit und der Ratchadamri Road – allein in Bangkok prunken Dutzende von Einkaufstempeln, in denen man sicher sein kann, dass die ausliegende Haute Couture ihren Namen tatsächlich verdient, die Labels echt und die Verpackungen wirklich mit dem gefüllt sind, was draufsteht. Fast schon beschämend gute Geschäfte lassen sich für den an europäische Preise gewohnten Touristen trotzdem machen. Ein modischer Herrenanzug für vierzig Euro, Änderungen gratis und ein schickes Seidenhemd fast geschenkt dazu. Ein Paar Damenschuhe für weniger als ein mittelprächtiges Abendessen zu zweit plus ein Halstuch als Dreingabe. Ein niedliches Kinderkleidchen mit fünfzig Prozent Rabatt. Und erst die

Jeans, die Wildlederjacken, die Unterwäsche, die Parfüms, der Schmuck – alles vom Feinsten, fast alles lächerlich günstig.

Wer an seinen Tüten und Taschen jetzt noch nicht zu schwer zu schleppen hat, sollte einen letzten Abstecher ins Mah Boon Krong (MBK) wagen. Hier kauft Jung und Alt aus Bangkok ein, auf fünf, sechs, sieben Etagen, wo sich die Regale unter der Last der Erzeugnisse biegen, die Kleiderständer bis kurz vors Zerbrechen durchhängen und die Verkaufsflächen bis auf die Flure so vollgestellt sind, dass für den Durchgang häufig kaum noch ein Meter Platz bleibt. Shoppen auf Asiatisch: grell, laut, hektisch, in schlichter Innenausstattung und Schulter an Schulter mit Abertausenden von Gleichgesinnten. Und wonach denen so gelüstet! Nach Millionen von Handys in den quietschendsten Farben und verrücktesten Formen, nach den kitschigsten Mustern und kratzigsten Stoffen, nach den stinkigsten Snacks und schrillsten Getränken.

Nein, im MBK lässt der *farang* seine Kreditkarte im sicheren Brustbeutel. Seine Raffgier ist ohnehin gestillt. Zumindest bis zu dem Moment, da ihn die letzte Erkenntnis seines Marathons durch die Wunderwelt des thailändischen Einzelhandels ereilt, laut der auch der leerste Koffer irgendwann so voll wird, dass er sich nicht mehr schließen lässt und kurz vor der Heimreise noch rasch ein neuer besorgt werden muss.

Auf der Mutter aller Wasser

Im »slow boat« über den Mekong

Die Reise beginnt am Tag zuvor. Sechs Stunden im Minibus von Chiang Mai nach Chiang Khong, quer durch den hügeligen Norden Thailands. Hinter Chiang Rai flacht die Landschaft allmählich ab, erste Reisterrassen und Getreidefelder künden von der näher rückenden Mekong-Ebene. Ohne die Fähren – primitive Holzbarken, die mit langen Bambusstäben angeschoben werden – wäre Chiang Khong bloß ein weiteres Kaff mit den üblichen Tempeln. So aber säumen Andenkenboutiquen, Lebensmittelläden und kleine Gasthäuser die Hauptstraße, über die Tag für Tag Dutzende von Reisenden, vor allem westliche Rucksacktouristen, herangeschafft werden.

Abends sitzen sie bei scharfem *curry* oder noch gepfefferterer Tom-Yum-Suppe auf der Terrasse des Namkong Guesthouse: die Glücklichen, die ihr laotisches Visum bereits in der Tasche haben; die Ungeduldigen, die hoffen, dass ihr Pass mit dem erforderlichen Vermerk rechtzeitig aus Bangkok eintrifft; und ein paar ahnungslose Backpacker, die nicht wissen, wie, wann und wo sie sich den Zettel beschaffen sollen, der zum Betreten der gegenüberliegenden Flussseite berechtigt.

Der Fluss also, der legendäre Mekong. Milchkaffeebraun schimmert er in der Dämmerung. Träge, flach, breit, mit nur thailändischerseits befestigten

Ufern. Zumindest an diesem Abschnitt, wo er auf einem kurzen Stück die Grenze zwischen Nordthailand und Laos bildet, widerspricht der Mekong vehement der Beschreibung, die Marguerite Duras in ihrem Roman »Der Liebhaber« von ihm liefert: »Er nimmt mit, was kommt, Strohhütten, Wälder, Reste von Feuersbrünsten, tote Vögel, tote Hunde, ertrunkene Tiger und Büffel, ertrunkene Menschen, Fischköder, Inseln aus zusammengewachsenen Wasserhyazinthen, alles treibt auf den Pazifik zu, nichts hat Zeit dahinzufließen, alles wird erfasst von dem tiefen und reißenden Sturm der inneren Strömung, alles bleibt in der Schwebe auf der Oberfläche des machtvollen Stroms.«

Auch am nächsten Morgen macht das Gewässer einen eher friedfertigen Eindruck. Wie über einen blinden Spiegel ziehen die Nebelschwaden dahin. Ein paar Boote durchschneiden den Dunst, der die Gestade aus Sand, Bäumen und Gestrüpp umhüllt. An der Zollstation freilich herrscht bereits in aller Frühe Gedränge. Pick-ups, *tuk-tuks* und Mopeds bringen die Touristen und ihr Gepäck herbei. Die Warteschlange am Abfertigungshäuschen wird länger und länger. Offenbar kennen die thailändischen Beamten keine Eile. Bedächtig, verschlafen fast kontrollieren sie die ihnen vorgelegten Papiere, werfen zwischendurch einen Blick auf den plärrenden Fernseher neben ihrem Schreibtisch. Über ihren Köpfen dreht sich ein alter Ventilator.

Am Ende des abschüssigen Weges erhebt sich das Gate to Indochina – das Tor zu einem Land, das es so eigentlich nie gab. Oder das spätestens seit 1949, als Frankreich die Union von Indochina auflöste und den Staaten Kambodscha, Laos und Vietnam die Unabhängigkeit gewährte, nicht mehr existiert. Es ist ein Schild für Nostalgiker, für das romantisierende Bild von Indochina, das mit den Farben des Kolonialismus, Krieges und Klischees gemalt ist und ohne den Mekong undenkbar wäre.

Mit seinen viertausendfünfhundert Kilometern ist er zwar nur der siebtlängste Strom der Erde, aber wahrscheinlich ihr abwechslungsreichster. Von seiner Quelle im tibetischen Hochland bis zur Mündung im Südchinesischen Meer ändert er so häufig seinen Charakter wie seinen Namen. In China nennt man ihn Lancang Jiang, den wilden Fluss, durch Myanmar, Thailand und Laos fließt er als Mae Nam Khong, als Mutter allen Wassers. Als Tonle Thom, großes Wasser, bezeichnen ihn die Kambodschaner, während die Vietnamesen ihn Song Cuu Long, Fluss der neun Drachen, getauft haben. An seiner breitesten Stelle misst er vierzehn Kilometer, für fünfzig Millionen Menschen gilt er als Lebensader und alltägliche Realität. Er gibt ihnen Arbeit und Nahrung, sie baden und waschen sich in ihm, übergeben seinen Fluten ihre Abfälle und suchen darin nach Gold. Nicht zu vergessen: Auf der aquatischen Fernstraße, die vielerorts die wichtigste, wenn nicht die einzige Transportmöglichkeit bietet, befördern sie sich selbst und immer häufiger auch Fremde.

Landgang in Huay Xai. Männer hieven das Gepäck aus den schaukeligen Fähren. Frauen und Kinder führen die Besucher zum ersten Kontrollposten, zur ersten Wechselstube auf laotischem Boden. Stempel, Unterschrift, dicke Bündel Geld. Ein Euro ist etwa neuntausend Kip wert und die laotische Währung wird hauptsächlich in kleinen Scheinen ausgegeben.

Bis Bokeo sind es nur wenige Kilometer. Doch das Einschiffen braucht Zeit. Abermals werden die Pässe und Fahrscheine eingesammelt, zur Prüfung weggeschafft und nach langem Warten zurückgebracht. Letzte Gelegenheit, sich mit Obst, Keksen, Wasser und Toilettenpapier einzudecken. Denn auf dem Schiff, heißt es, gebe es nichts zu kaufen. Auch auf Erklärungen eines Tour-Guides muss verzichtet werden. Immerhin ist für den ersten Streckenabschnitt mit einer Fahrzeit von sechs bis sieben Stunden zu rechnen.

Kaianlagen gibt es in Bokeo nicht. Wer hier einsteigt, tut dies so, wie es die Menschen seit Jahrhunderten tun. Die spartanischen Linienboote werden ins seichte Uferwasser manövriert und mit einem Tau an einem Pflock im Sand festgemacht. Über ein schmales, gefährlich durchhängendes Brett balancieren die Passagiere an Bord. Rund sechzig Reisende zwängen sich auf knochenharte, handbreite Holzbänke, auf denen offiziell Platz für fünfundzwanzig ist. Von Sicherheit und Komfort spricht niemand. Das Klo besteht aus einem fadenscheinigen Vorhang und dahinter einem rechteckigen Loch in den schwankenden Planken. Der Dieselmotor dröhnt und stinkt. Was sich aber keinesfalls auf seine Leistung auswirkt, denn das *slow boat*, das zudem Kartoffelsäcke und anderes raumgreifendes Gut der einheimischen Mitfahrer aufgenommen hat, macht seinem Namen alle Ehre.

So treiben wir dahin. Stromabwärts, vorbei an lehmigen Uferböschungen und immergrünem Regenwald, Schlangenlinien ziehend zwischen Sandbänken und Felszacken, die bedrohlich aus dem Wasser ragen. Routiniert umschifft der Kapitän die

Hindernisse, die besonders bei Niedrigwasser zur Vorsicht mahnen. Gerade in der Trockenzeit, dem europäischen Winter, stellen die engen Fahrrinnen, meterbreiten Strudel und Untiefen erhebliche Anforderungen an die Steuerleute. Unterdessen flitzen die speed boats mit ohrenbetäubendem Rasenmähergekreische an unserem lahmen Nachen vorbei. Ihre Insassen tragen schwere Helme und stemmen sich mit vorgestrecktem Oberkörper gegen den Fahrtwind. Sie haben den doppelten Preis für ein Drittel der Fahrzeit bezahlt – und für Eindrücke, die flüchtiger kaum sein könnten.

Es soll auch komfortable Kreuzfahrten auf dem Mekong geben, angeboten von ausländischen Reiseagenturen. Die kosten in amerikanischen Dollars, was die Benutzer der *slow boats* in thailändischen Bahts hingeblättert haben, das heißt: das Vierzigfache. Dafür ersetzen weiche, verstellbare Sitze, Bordtoilette, Bar, Bordküche, Sonnendeck und fachmännische Erläuterungen die gewöhnungsbedürftige Kargheit des Billigtrips.

Wir hingegen erfahren nur, was wir mit eigenen Augen sehen: dass sich Wasserbüffel gerne an den hellsandigen Flussrändern sonnen und sich Kinder nackt, Erwachsene jedoch in voller Bekleidung im Mekong tummeln; dass sich jenseits der Ufer tropischer Dschungel ausbreitet und die Dörfer in Flussnähe aus schlichten Bambushütten bestehen, die auf ein karges, einfaches Leben der Menschen schließen lassen. Was wir sonst noch wissen, haben wir in Büchern gelesen. Dort steht, weshalb Laos, das »Land der Million Elefanten«, sich mit dem Tourismus bislang recht schwer tut. Erst 1988 öffneten die allmächtigen, greisen Militärs der Revolutionären Laotischen Volkspartei, die bis heute keinen politischen Pluralismus zulassen, die Grenzen ihres jahrzehntelang abgeschotteten Territoriums. Doch der Übergang von der Planwirtschaft zum freien Privathandel funktioniert nicht so reibungslos wie gewünscht. Zu arm sind die sechs Millionen Laoten, als dass sich bedeutende Investitionen aus dem Ausland rentierten. Zu umfassend sind immer noch vor allem die politischen Restriktionen, mit denen westlich-dekadente Einflüsse von dem Elefantenland ferngehalten werden sollen.

Gut sechs ermüdende Stunden später: Abenddämmerung in Pakbeng, einem Dörfchen an einer der unzähligen Biegungen des Flusses. Eine Schar Jugendlicher erwartet die Neuankömmlinge. Besser gesagt: deren Gepäck, das sie gegen ein nicht zu bescheidenes Trinkgeld über die bröckeligen Stufen einer Treppe schleppen, die am steil ansteigenden Ufergelände irgendwann einmal nützlich war. Auch der Ort selbst liegt an einem Hang, von Wäldern umschlossen. Ein ausgebuchtes Hotel der besseren Kategorie, ein paar Verkaufsbuden, einige Gasthäuser von ausgesuchter Schlichtheit, WC über der Straße inklusive. Erst nach Sonnenuntergang nehmen die Stromgeneratoren ihre Arbeit auf, erklärt die Zimmervermieterin, die kein Englisch spricht, aber in Zeichensprache bestens geübt ist. Statt zu duschen, gießt man sich bei Kerzenschein mit Handkübeln eiskaltes Wasser über Kopf und Schultern. Anschließend beginnt ein kurzer Abend bei Lao Beer unter einem überwältigenden Sternenhimmel. Die Straßenküchen, die sich vornehm Restaurants nennen, schließen um neun. Im Nu leert sich der öffentliche Raum bis auf ein paar Knirpse, denen bei ihrem nächtlichen Spiel ein alter Plastikpantoffel als Ball dient.

Auch morgens herrscht in der sozialistischen Volksrepublik Laos, flächenmäßig vergleichbar mit Großbritannien, eine eigene Zeitrechnung. Man lässt sich von der Sonne und den ersten Hahnenschreien wecken. Wind, Wetter und die elementaren Daseinsbedürfnisse bestimmen den Alltag. Und wenn, wie an diesem Morgen, ein tropischer Schauer niedergeht, stellen sich die Menschen irgendwo unter und warten, bis es zu regnen aufhört, bevor sie ihren Weg fortsetzen.

Der Start zur zweiten Mekong-Etappe erfolgt pünktlich. Gegen die kühle Morgenbrise schützen sich die westlichen Passagiere mit Fleecejacken, Wollmützen und Schals. Einige stopfen sich zudem Kügelchen aus Toilettenpapier in die Ohren. Bis zum Zielort Luang Prabang bleiben gut sieben Stunden auf engstem Raum. Die Szenerie changiert nur in Maßen, bewaldete Ufer und ferne Berge wechseln sich ab mit Wiesen, Ackerland, Gemüsebeeten und Felsen – ruhige Bilder einer von westlicher Zivilisation weitgehend unberührten Welt. Und es ist schwer vorstellbar, dass die amerikanischen B-52 während des Vietnamkriegs zwei Millionen Tonnen Bomben über Laos abwarfen, doppelt so viele wie auf Deutschland im gesamten Zweiten Weltkrieg. Solche Gedanken und vor allem die Zeit vertreibt man sich mit Lesen, Essen und Dösen. Gelegentlich klickt ein Fotoapparat. Zum Herumspazieren ist auf dem ehemaligen Gemüsekahn kein Platz. Sein bequemeres Dach bleibt für die Rucksäcke und Koffer, für Fahrräder, Eisenstangen und prall gefüllte Bastkörbe reserviert – eine polizeiliche Anordnung, heißt es.

Ohne Vorankündigung kommt der nächste Stopp. Die Grotten von Pak Ou, fünfunddreißig Kilometer nördlich von Luang Prabang, werden in jedem Reiseführer erwähnt. Ein Must. Tham Thing und Tham Phum: zwei Heiligtümer, in denen Tausende von Buddhafiguren aller Größen versammelt und die nur über den Wasserweg anzusteuern sind. Auf dreihundert Treppenstufen fällt es leicht, sich die Beine zu vertreten. Doch die Mühe des Aufstiegs lohnt sich kaum. In den mächtigen Tempelhöhlen ist es so dunkel, dass nicht einmal Taschenlampen einen Eindruck ihrer Einzigartigkeit gewähren. Ohnehin drängt der Kapitän zur Weiterfahrt. Bis Luang Prabang sind es noch anderthalb Stunden, und tropische Nächte beginnen abrupt. Auf Zimmersuche müssen sich die Fahrgäste in der ehemaligen Hauptstadt des früheren laotischen Königreichs Lan Xang auch noch begeben.

In aller Herrgottsfrühe am Zusammenfluss von Mekong und Nam Khan: Trommelwirbel und sanftes Glockenläuten beenden Stille und Schlaf. Der Morgen beginnt wie an jedem Tag seit Menschengedenken. Kurz nach fünf absolvieren die Mönche und Novizen in ihren safrangelben und orangeroten Tüchern ihren gewohnten Bettelgang. Was die Bevölkerung spendiert – Klebereis, Bananen, Nudeln, Schokolade und Ähnliches –, muss für ihre Ernährung genügen.

Erst am späten Vormittag lüftet der allmorgendliche Nebel seinen Schleier über dem Städtchen, das viele für den schönsten, lebenswertesten Ort von ganz Asien halten. Statt Hochhäusern und Fastfood-Filialen säumen hier mehr als dreißig Tempelanlagen, Klöster und Kolonialvillen, die zu Hotels umgewandelt wurden, die Handvoll Straßen, auf denen ungleich mehr Fahr- und Motorräder als Autos unterwegs sind.

Seit 1995 steht Luang Prabang als Weltkulturerbe unter dem Schutz der UNESCO. Das Erbe ist imposant. Wie kaum irgendwo sonst konzentrieren sich hier auf engstem Raum die reichen Hinterlassenschaften eines Gemeinwesens, das sich aus städtischen und ländlichen, monarchischen und religiösen Elementen zusammensetzt. Im Gegensatz zu anderen Metropolen Südostasiens wie Bangkok, Saigon oder Kuala Lumpur ist es in diesem alten Kulturzentrum gelungen, die vorkolonialen Strukturen des Stadtbilds zu bewahren und nicht mit dem europäischen Kolonialstil zu vermischen, der – in getrennten Bezirken – eigene Akzente setzt.

Wer irgendwann genug hat von den herrlichen, einander mehrfach überlappenden Schindeldächern, Fresken und goldverzierten Säulen, setzt sich in eines der Bistros an der Hauptstraße und macht Bekanntschaft mit dem französischen Erbe. Zum Café au Lait werden mit Camembert belegte Baguettes serviert. Gleich nebenan gibt es Briefmarken in einem Gebäude zu kaufen, vor dem ein Schild mit der Aufschrift »La Poste« hängt. Doch auch die jüngste Moderne hat längst Einzug in die Indochina-Romantik gehalten. Etliche Internetlokale werben mit äußerst günstigen Preisen um Kundschaft. Sogar in weniger vornehmen Hotels stehen Faxgeräte, auch wenn das Personal sie nicht in jedem Fall zu bedienen weiß und der Gast gelegentlich selbst mit Hand anlegen muss.

Auf der dreifachen Brücke

Von Bildern im Kopf, im Kino und in Wirklichkeit

Kanchanaburi muss man nicht gesehen haben. Doch am nördlichen Ausgang des Städtchens schwingt sich eine Brücke über einen Fluss: eine der berühmtesten Brücken der Welt. Der Fluss heißt Kwae Yai und fließt »in der unzivilisiertesten Gegend der Welt – im Dschungel von Thailand und Burma«, wie der französische Romancier Pierre Boulle (1912–1994) vor einem halben Jahrhundert schrieb.

Boulle selbst trug wesentlich dazu bei, dass sein Urteil über die Umgebung von Kanchanaburi heute nicht mehr gilt. An beiden Flussufern ist die Wildnis gerodet. Asphaltierte Straßen führen durch den Urwald. Souvenirläden, Getränkebuden, Restaurants und Hotels bilden ein Spalier für Hunderte von Besuchern, die sich täglich auf die Brücke wagen. Dort herrscht zuweilen großes Gedränge, obwohl es eigentlich nichts zu sehen gibt außer einem Schienenstrang und ziemlich schwankenden Holzbohlen über grünbraunem Wasser.

Wie manch andere lebt auch diese touristische Attraktion ausschließlich von den Vorstellungen der Besucher, von den Bildern in ihren Köpfen, die vor Ort an der Wirklichkeit gemessen werden. In diesem Fall mit einer Wirklichkeit aus zweiter, gar dritter Hand, nämlich einer fiktiven Literatur- und Kinorealität.

Die Brücke am Kwai gibt es gleich dreimal. Das

Original war eine wackelige Holzkonstruktion und Teil der sogenannten Eisenbahn des Todes, die im Zweiten Weltkrieg unter japanischer Besatzung von achtundsechzigtausend alliierten Gefangenen und zweihunderttausend asiatischen Arbeitern auf vierhundertfünfzehn Kilometern von Thailand ins heutige Myanmar verlegt wurde. »Es handelt sich darum, die Hauptstädte von Thailand und Burma über eine Strecke von vierhundert Meilen durch den Dschungel miteinander zu verbinden, um dem japanischen Nachschub die Durchfahrt zu ermöglichen und dem Heer, das diese beiden Länder von der europäischen Tyrannei befreit hat, den Weg nach Bengalen zu öffnen. Japan braucht diese Eisenbahn, um die Reihe seiner Siege fortzusetzen, Indien erobern und diesen Krieg schnell beenden zu können«, heißt es in Boulles Roman »Le pont de la rivière Kwaï«.

Annähernd hunderttausend Zwangsarbeiter kamen bei diesem pyramidalen Unternehmen ums Leben. Die Brücke selbst wurde mehrmals von amerikanischen B-24-Bombern angegriffen, am 13. Oktober 1945 weitgehend zerstört und nach Kriegsende in ihrer heutigen Form wieder aufgebaut.

Die dritte Kwai-Brücke flog 1957 auf Sri Lanka in die Luft. Dort verfilmte David Lean (1908–1991) »The Bridge on the River Kwai« mit Alec Guinness und William Holden in den Hauptrollen. In einer Dreißigsekundensequenz wurde gesprengt, woran man acht Monate gebaut hatte: die fünfunddreißig Meter hohe, hundertzehn Meter lange und bis dahin größte Brückenkulisse der Filmgeschichte. Die Monumentalproduktion wurde mit drei Golden Globes und sieben Oscars ausgezeichnet. Von deren Wirkung profitiert Kanchanaburi bis heute.

Das wissen nicht nur die Nippesverkäufer, Museumsbetreiber und Motorbootkapitäne, sondern auch die drei kleinen Mädchen, die ihre Freizeit auf der Brücke verbringen. Stundenlang spazieren sie über die Gleise, stellen sich – gegen eine entsprechende Entlohnung – für Fotos der ambitionierteren Art in Position und warnen die ahnungslosen Touristen vor den Zügen wie dem Eastern & Oriental Express, die gelegentlich passieren. Dann wird es eng und beinahe gefährlich, denn die Ausweichmöglichkeiten auf der schmalen Konstruktion sind beschränkt und um Sicherheitsvorkehrungen scheint sich niemand zu scheren.

Es sei denn, der Nervenkitzel ist absichtlicher Teil der Kwae-Erfahrung und unabdingbare Voraussetzung für ein unvergessliches touristisches Abenteuer. Wie sonst wäre unmittelbarer das Schicksal jener zu begreifen, über die Boulle schreibt: »Die Unglücklichen arbeiteten wie Lasttiere: Das tägliche Soll, das ihnen auferlegt war, wäre für robuste und gut genährte Männer vielleicht nicht zu hoch gewesen, die bedauernswerten, abgemagerten Kreaturen aber, die sie in weniger als zwei Monaten geworden waren, konnten es nur erfüllen, indem sie vom Morgengrauen bis zur Dämmerung und manchmal noch einen Teil der Nacht auf der Baustelle schufteten. Sie wurden durch die Flüche und Schläge, die die Wachen bei dem geringsten Versagen auf sie niederhageln ließen, entmutigt und demoralisiert und von der Furcht vor noch schrecklicheren Strafen gequält.«

Vor der Welle

Alltag auf Phuket, der größten thailändischen Insel

Auf ihre Nachbarn ist Preeda Changlek nicht gut zu sprechen. Doch wenn die Einundvierzigjährige vom gelegentlich schwierigen Zusammenleben erzählt, lächelt sie. In sich ruhend sitzt sie da, nippt an ihrem Limonensaft, antwortet geduldig auf alle Fragen. Zwischendurch blinzelt sie hinaus auf das Meer, schaut neugierig den Strand hinauf und hinunter. Manchmal kommt eine der Angestellten, flüstert ihr etwas zu, nickt und entfernt sich wieder, gemächlich und auf leisen Sohlen.

So viel Gelassenheit steckt an. Auch die Urlauber, die an diesem Spätnachmittag über den weißen Sand flanieren oder in der wie eine Folie glänzenden Andamanensee planschen, haben wenigstens vorübergehend zu einem behäbigeren Lebensrhythmus gefunden. Samtenes Licht fällt auf die schlanken, mit bunten Tüchern und Blumengirlanden geschmückten Boote, die nah am Ufer dümpeln. Die Palmen, die schräg über den Strand ragen, sind wie in Honig getaucht. Allerdings verrät die idyllische Szenerie nur die halbe Wahrheit über Bang Tao Beach. Die andere Hälfte erzählt Preedas Geschichte.

Früher arbeitete die im Inseldörfchen Choeng Thale geborene Frau als Reisbäuerin und auf dem Bau, bei einer Tante lernte sie das Kochen. Seit 1987 betreibt sie an der Westküste von Phuket, der größten Insel Thailands, ihr eigenes Restaurant: Preeda's

Kitchen. Anfangs standen dort zwei Tische und acht Stühle. Getrocknete Palmzweige und Bananenblätter, die auf vier Holzpfosten ruhten, formten das Dach. Heute wartet das zur Meeresseite offene Lokal mit rund dreißig Tischen und einem reichhaltigen Angebot an kulinarischen Thai-Spezialitäten auf. Zehn Beschäftigte sorgen für ein reibungsloses Funktionieren des Betriebs. Preeda selbst steht nur noch ausnahmsweise am Herd. Momentan hat sie andere, grundsätzlichere Sorgen. Es geht um die Zukunft von Preeda's Kitchen, um die Existenz auch der anderen kleinen Restaurants und Geschäfte am Strand von Bang Tao.

Die eingangs erwähnten Nachbarn machen Preeda und ihren Kollegen seit geraumer Zeit das Leben schwer. Nachbarn, die hinter der fotogen im Wind geneigten Baumzeile residieren und sich auf und an der Lagune angesiedelt haben, die dem weitläufigen Hotelkomplex seinen Namen gibt. Die Fünfsterneresorts von Laguna Beach sind mit dem Anspruch angetreten, in dieser Ecke von Phuket Tropenträume auf höchstem Niveau zu erfüllen. Dass das bislang nicht zur vollsten Zufriedenheit der Hotelbesitzer gelungen ist, hat angeblich einen einfachen Grund: die Präsenz der Einheimischen, die am Strand Imbissbuden, Bikiniboutiquen und Surfläden führen, die Tauchkurse, Bootsfahrten und Massagen anbieten. »Man will uns von hier vertreiben«, sagt Preeda, die Ende der neunziger Jahre mit ihrer Küche schon einmal umziehen musste, weil sie anscheinend nicht in das Bild von der makellosen Exotik passte, das die fünf Luxusherbergen ihrer Kundschaft präsentieren möchten. Damals errichtete die lokale Bevölkerung Straßenbarrikaden, die Betroffenen riefen zu Protestkundgebungen auf. Mit dem Resultat, dass die Thai-Geschäfte zwar weiter bestehen durften, aber auf einen entlegeneren Abschnitt des sieben Kilometer langen Strandes verbannt wurden.

Dass auch derzeit wieder Gespräche mit den örtlichen Behörden laufen, um die illegalen Buden definitiv von Bang Tao zu entfernen, streitet Amanda Tetzner, die Marketingchefin des Sheraton Grande, vehement ab. »Im Gegenteil«, so ihre Erklärung, »wir möchten den Kontakt zwischen unseren Gästen und der einheimischen Bevölkerung gezielt fördern.« Geschasst werden sollen laut Tetzner ausschließlich die fliegenden Händler, die den Erholungssuchenden »mit häufig aufdringlichen Methoden« Batikhemden und Strohhüte, Plastiktütchen mit Ananasstücken, Bananenküchlein und Grillspieße anbieten und die Fremden auf diese Weise in unzumutbarem Maße belästigen würden. Zudem empfinden die Hoteliers die freischaffenden Sonnenschirm- und Liegestuhlvermieter als unlautere Konkurrenz. Doch um keine Missverständnisse aufkommen zu lassen: Das Wohl der Einheimischen liegt den Hotelmanagern nach eigener Aussage nicht weniger am Herzen als das der Urlauber. Zum Nutzen aller wurden Müllrecycling- und Kläranlagen gebaut, ja, die Sheraton-Verantwortlichen sind sich nicht einmal zu schade, mit stolz geschwellter Brust zu verkünden, dass sie den Bewohnern von Choeng Thale regelmäßig ihre ausgemusterten Matratzen spenden.

Nicht nur der Druck ihrer einflussreichen Nachbarschaft bereitet Preeda derzeit Kopfzerbrechen. Nach den Ereignissen vom 11. September 2001 kamen ihrer Einschätzung nach sechzig bis siebzig Prozent weniger Touristen als vorher. »Wegen Bin

Laden«, wie sie sagt, blieben sogar an Neujahr, wenn normalerweise sämtliche Hotelbetten belegt sind, die meisten Tische ihres Restaurants leer. Oder verließen die Menschen zum Essen die Hotelareale nur deshalb nicht, weil ihnen an den Rezeptionen vom Besuch der preiswerten, zumindest noch einen Hauch friedlich-familiärer Stimmung verströmenden Strandlokale dringend abgeraten wurde?

Gänzlich auszuschließen sind solch drastische Maßnahmen nicht. Sie würden gleichzeitig erklären, warum beispielsweise die PR-Dame eines der Resorts von weniger als zehn Prozent Einbußen seit Herbst 2001 spricht. Nicht weiter schlimm, könnte man meinen, bei dreieinhalb Millionen Touristen, die Phuket im Jahr zuvor besucht und zu einer der am häufigsten angesteuerten Destinationen weltweit gemacht haben. Doch für Kleinunternehmer wie Preeda Changlek hat die radikale Geschäftsphilosophie der multinationalen Konsortien weit reichende Konsequenzen.

Mit dem Zustrom von Fremden war Phukets Schicksal übrigens schon eng verknüpft, lange bevor der Tourismus erfunden wurde. In früheren Jahrhunderten empfingen die Insulaner – wenn auch nicht immer freiwillig – Piraten aus Malaysia, tamilische Siedler, Krieger aus Birma, chinesische Emigranten und nicht zuletzt portugiesische Eroberer. Diese nahmen 1518 auf Phuket die ersten Zinnminen in Betrieb. Bis in die achtziger Jahre des 20. Jahrhunderts, als die Weltpreise dramatisch einbrachen, sicherte dieses Metall, zusammen mit Kautschuk, Kokos- und Cashewnüssen, der Insel jenen Wohlstand, für den heute fast ausschließlich der Fremdenverkehr verantwortlich ist.

Für diesen Wirtschaftszweig wurde das achthundertzehn Quadratkilometer große Eiland in den frühen siebziger Jahren entdeckt. Rucksackreisende waren die Ersten, die an den sichelförmigen Pudersandstränden und in den Palmenhainen der »Perle der Andamanensee«, wie die Insel gerne genannt wird, ihre Vision vom irdischen Paradies zu verwirklichen suchten. Später gesellten sich an den Wochenenden und in Ferienzeiten wohlhabende Einheimische hinzu. Der 1976 eröffnete internationale Flughafen von Phuket setzte das von der Natur üppig beschenkte Fleckchen definitiv auf die Weltkarte des Mainstream-Tourismus. Heute laufen in den Gassen der Inselhauptstadt Backpacker und zivilisationsgeschädigte Aussteiger Adeligen und Stars der internationalen Film- und Musikszene über den Weg. Von den Stränden angelockt werden Familien, die nach Badespaß und Entspannung gieren; weiter in die Natur hinaus wagen sich Taucher, Segler und Hobbykletterer auf ihrer Suche nach exotischen Revieren. Zumindest bis zu jenem 11. September sprach man von einer jährlichen Steigerung der Besucherzahlen von rund zehn Prozent.

Bei dem Boom, den Phuket in den beiden letzten Dekaden erlebt hat, werden natürlich auch die Umwelt-, Verkehrs- und Imageprobleme immer drängender. Vor allem Patong Beach, Lieblingsziel der großen Reiseveranstalter, genießt mittlerweile das zweifelhafte Privileg, sich als asiatische Ballermann-Variante ausgeben zu dürfen. Vom Zauber fernöstlicher Beschaulichkeit lässt sich zwischen überlaufenen Bierschwemmen, Diskotheken, Stripteasebars und nur notdürftig als Massagesalons kaschierten Bordellen nicht mehr der leiseste Schimmer erahnen. Stattdessen ist die Insel auf dem besten Weg, als Pauschalmoloch in Verruf zu geraten. Drogendelikte und Kriminalität insgesamt nehmen in der nach Bangkok reichsten thailändischen Provinz in rasantem Tempo zu. Nirgendwo sonst im Land, nicht einmal in dem als Metropole der Sexindustrie berüchtigten Pattaya, liegt die Zahl der HIV-Infizierten und Aidskranken höher.

Mit diesen Schattenseiten des vermeintlichen Schlaraffenlands sieht sich Alasdair Forbes täglich konfrontiert. Seit 1999 leitet der sechzigjährige Waliser die 1993 von einem pensionierten amerikanischen Bankier gegründete *Phuket Gazette*. Information, Unterhaltung, aber vor allem kritische Berichterstattung über die neuesten Entwicklungen auf der Ferieninsel – das sind die Anliegen der zweiwöchentlich in einer Auflage von fünfzehntausend Exemplaren erscheinenden englischsprachigen Zeitung, die sich als komplementär zu den durchwegs staatstragenden, dem Establishment verpflichteten einheimischen Blättern versteht. An entsprechenden Themen fehlt es nicht und sie interessieren nicht bloß die etwa fünfundzwanzigtausend Ausländer, die auf Phuket residieren. Besonders häufig müssen die Journalisten von Korruptionsfällen berichten, in die immer wieder Lokalpolitiker verwickelt sind. Wie überhaupt Macht und Geld auf Phuket offenbar eng miteinander verstrickt sind.

Diese unseligen Bande führen regelmäßig zu dubiosen politischen Entscheidungen. »Die hiesige Finanzpolitik ist die reinste Katastrophe«, ereifert sich Forbes. Das beginnt mit der tatsächlichen Einwohnerzahl der Insel, von der nicht nur die Zahl ihrer Vertreter im Landesparlament in Bangkok, sondern auch die Höhe der staatlichen Subventionen für die Region abhängt. »Doch niemand weiß, ob zweihundertdreißigtausend oder vierhundertfünfzigtausend Menschen hier leben.« Demnach kann auch in den Bereichen Bildung, Gesundheit, Umwelt, Stadt- und Landschaftsplanung mangels verlässlicher Daten nur schwerlich sinnvolle Arbeit geleistet werden.

Angesichts der stetig expandierenden Tourismusbranche und der ungebremsten Hausse im Immobiliensektor, die beide schnelles und großes Geld verheißen, treten die sozialen Belange auf Phuket ohnehin in den Hintergrund. »Möchten Sie sich mal eine Eine-Million-Dollar-Villa anschauen?«, fragt wie beiläufig Graham Doven, der australische Maklerfreund von Alasdair Forbes. Doven lebt seit dreiundzwanzig Jahren auf der Insel – und zwar keineswegs schlecht. Seine Kunden sind Reiche und Superreiche aus aller Welt, die im Inselinneren herrschaftliche Anwesen errichten, kaufen oder verkaufen wollen. Und die, so der Australier, »mit der Welt der gemeinen Low-Budget-Urlauber nie in Kontakt kommen«.

Auch Anek blieb die Last des Massentourismus bislang erspart. Hin Lok Deal, die Farm des Einundsechzigjährigen, liegt im äußersten Norden Phukets, im Hinterland von Mai Khao Beach. Obwohl die Krabbenzüchtereien dieser Region bereits in mehreren Presseartikeln und Reiseführern als lohnenswerte Ausflugsziele empfohlen wurden, hat sich, wie Anek mit einem verlegenen Schmunzeln gesteht, bis zu diesem Tag kein einziger Besucher in seinen Betrieb verirrt.

Zunächst ist nur ein länglicher Bau zu sehen, der an ein Treibhaus erinnert. Statt Glasscheiben füllen durchsichtige Plastikquadrate die Fensterrahmen. Auch das Dach überspannen riesige Kunststoffplanen. Darunter herrscht schwüle Hitze, die einem schon nach wenigen Sekunden dicke Schweißperlen auf die Stirn treibt. Auf die Wände der zwanzig Betonbecken, auf die Leitungen und Schläuche, die Meer- und Süßwasser zuführen, hat sich ebenfalls ein Feuchtigkeitsfilm gelegt. Alles klebt, überall tropft es, Dampfwölkchen steigen auf, allerlei Insekten mit Flügeln fühlen sich wohl in dieser Waschküchenatmosphäre.

Das müsse so sein, erklärt der Garnelenzüchter. Die Wassertemperatur in den Bassins dürfe nie unter dreißig Grad sinken, und die Sonne sei schließlich die billigste Energiequelle. Im Wasser selbst ist auf den ersten Blick rein gar nichts zu erkennen. Erst als einer von Aneks vier Angestellten einen gläsernen Behälter damit füllt, sieht man winzige schwarze Fäden darin umherschwimmen. Fünfzehn Tage sind die Krabben zu diesem Zeitpunkt alt, alle vier Stunden werden sie mit Fischmehl gefüttert. Jedes Becken ist mit rund achthunderttausend Exemplaren gefüllt, nach achtundzwanzig Tagen verkauft Anek sie an die nächste Farm, wo das folgende Wachstumsstadium beginnt. Zuletzt landen die nun schon deutlich als Shrimps erkennbaren Wesen in ausgedehnten Freiluftbecken, wo ihr insgesamt viermonatiger Lebenszyklus endet.

Thailand zählt zu den weltweit größten Lieferanten gefrorener Krabben – ein Industriezweig, der ökologisch nicht unumstritten ist. Immerhin hat die thailändische Regierung das Antibiotikum Chloramphenicol, das bei Menschen zu Störungen der Blutbildung führen kann, inzwischen auf Krabbenfarmen verboten und führt verschärfte Kontrollen durch. Dreihunderttausend Tonnen Krabben werden jährlich exportiert, überwiegend nach Nordamerika, Europa und Japan. Im Norden Phukets gibt es kaum eine Familie, die nicht direkt oder indirekt mit der Krabbenzucht zu tun hat. Allein in Mai Khao Village werden über hundert Garnelenfarmen als kleine Privatbetriebe geführt.

Auch das wird sich in nächster Zukunft wohl ändern. Der Grund dafür ist – wie könnte es anders sein? – einmal mehr der Tourismus, wenn auch in seiner elegantesten Erscheinungsform.

Am 15. Dezember 2001 lud das JW Marriott Resort Phuket zur feierlichen Eröffnung. Der Veranstaltung fern blieben die Tierschützer, die sich lange, im Endeffekt aber erfolglos, gegen den Bau der luxuriösen Hotelanlage in unmittelbarer Nähe des nationalen Marineparks Sirinath und der Schutzzone für Seeschildkröten gewehrt hatten. Möglicherweise wird trotzdem irgendwann eine Verständigung möglich sein. Um nicht nur des Profitdenkens beschuldigt zu werden, sondern auch Umweltbewusstsein zu demonstrieren, gründeten die Hotelbetreiber im März 2002 gemeinsam mit der thailändischen Sektion des World Wide Fund for Nature (WWF) die Mai Khao Marine Turtle Foundation. Vor allem die angestammten Nistplätze der bis zu sechshundert Kilo schweren, fast zwei Meter langen Lederschildkröten, die alljährlich zwischen November und Februar am Strand von Mai Khao, also gewissermaßen unter den Gästezimmerbalkonen, ihre Eier ablegen, sollen nicht unter einer rücksichtslosen Ausbreitung des Fremdenverkehrs leiden.

Auch diese Initiative fällt unter die »Spirit to

Serve Our Community«-Devise der Marriott-Gruppe, die ihr Personal vornehmlich in der Bevölkerung vor Ort rekrutiert, den neuen Mitarbeitern Englischunterricht anbietet und sie so gezielt auf das Gastgewerbe der Zukunft vorbereitet. Nur Preeda, die Köchin, wird von diesem Angebot kaum Gebrauch machen wollen.

Kochen bei Vollmond

Eine kurze kulinarische Einführung

Man nehme: eine Handvoll williger Ausländer, eine mit allen Schikanen ausgestattete Restaurantküche und Chanpen, die Köchin, die aus dem Land kommt, wo die Zitronengräser blühen. Den *farang* binde man eine Schürze um und drücke ihnen Schreibzeug in die Hand. Die Herde setze man unter Strom und die Köchin lasse man ausgiebig aus dem Nähkästchen, Pardon, dem Wok und dem Dampfkörbchen plaudern.

Zunächst ein Häppchen Sprachkunde. *Chanpen* bedeutet im Thailändischen Vollmond, wie die Lehrmeisterin verrät. Sie hat tatsächlich ein ziemlich rundes Gesicht. Und einen vornehm blassen Teint, den ihr weißer Kittel und ihre hohe weiße Mütze noch blasser erscheinen lassen. Wenn sie lacht, funkeln ihre makellosen Zähne. Und die Köchin lacht ständig, bei jedem noch so schwierigen Handgriff, jeder noch so komplizierten Erklärung.

Doch eigentlich ist alles ganz einfach. Zumindest solange die ein wenig unbeholfen wirkenden Schüler einen Halbkreis um den Tisch bilden, hinter dem Chanpen steht, strahlt und auf die Schüsselchen deutet, in denen alles bereit liegt. Hier der in mundgerechte Stücke zerkleinerte Fisch, dort das Hühnerbrustfilet. Daneben die Schälchen mit dem milden Ingwergewächs Galgant, den ledrigen Blättern der Kaffir-Limette, dem frischen Koriander. In

Reichweite die Tiegelchen mit Kokosmilch und Sesamöl, die Teller mit milder grüner, pikanter gelber und höllenscharfer roter *Curry*-Paste.

Während der Lektion in Warenkunde schreiben die Schüler fleißig mit. Chanpen weiß genau, was ihnen später, beim Nachkochen zu Hause, am meisten Kopfzerbrechen bereiten wird. Nämlich die Beschaffung all jener exotischen Ingredienzen, die den unvergleichlichen Geschmack der Thai-Küche ausmachen und häufig auch in gut sortierten Asienshops in Europa und Amerika nicht zu finden sind.

Man nehme also: statt einer unreifen Mango einen sauren Apfel, an Stelle von murmelgroßen Auberginen dicke Erbsen, statt Strohpilzen handelsübliche Champignons und gewöhnliche Kartoffelstärke als Ersatz für Tapiokamehl. Erleichtert notieren die Ausländer die wertvollen Tipps, einer knipst sogar ein Bild vom Tisch mit den Zutaten.

Als Nächstes buchstabiert Chanpen das Kochprogramm: Tom Yam Pla, Gaeng Kiew Whan Gai – scharfe Fischsuppe, mildes Hähnchen-*Curry*. Und was ist mit den gerösteten Bambuswürmern, den frittierten Grillen und Heuschrecken, den verpuppten Seidenwürmern, den tischtennisballgroßen Käfern, die man an Thailands Straßen gelegentlich angeboten bekommt?, scherzt einer der Eleven. Chanpen lächelt nur und erläutert lieber, was bei einem richtigen Koch zuerst in den Wok kommt. In der Reihenfolge liegt nämlich das Geheimnis der Thai-Küche. Und in der Würze, wie die Lehrlinge mit kennerischem Kopfnicken bestätigen.

Man nehme? Mit routinierten Handgriffen dosiert Chanpen die Zutaten, rührt den Holzlöffel, schmeckt ab. Noch ein paar Tropfen Fischsauce zum

Salzen, einige zusätzliche Kokosraspeln zur Milderung des Geschmacks – schon schnalzen die ersten Feinschmecker begierig mit der Zunge. Sie haben ja sonst nicht viel zu tun. Das Gemüse war zu Beginn des Intensivkurses längst fein geschnippelt, beim Säubern des Fisches brauchte keiner sich die Hände schmutzig zu machen. Die Schneidebretter und scharf geschliffenen Messer liegen nur zur Dekoration da, sämtliche Schürzen bleiben jungfräulich rein.

So geht der Kurzlehrgang zu Ende, ehe er richtig begonnen hat. In Minutenschnelle und mit einem breiten Lächeln über ihr ganzes rundes Gesicht zaubert Chanpen einige Köstlichkeiten hin, die genauso aussehen und schmecken, wie man es nach den ersten kulinarischen Thailand-Erfahrungen gewohnt war. Dass sich solche Kunst, trotz genauer Anleitung und detaillierter Notizen, nicht einfach imitieren lässt, werden die Debütanten nach dem Heimflug noch früh genug erfahren. Auch wenn frisches Zitronengras längst in jedem europäischen Supermarkt zu finden ist.

Diesseits und jenseits der Traumstrände

Samui, Phi Phi, Yao Noi: In der südthailändischen Inselwelt

Landung auf Koh Samui, pünktlich und sacht. Regenwolken, tropische Vegetation mit Grauschleier. Von einem Flughafengebäude ist nichts zu sehen. Stattdessen: Bambushütten, Reetdächer und Kokospalmen, von denen es auf dem Eiland drei Millionen gibt. Als die Propeller stehen, fährt ein Zügchen auf Rädern vor. In der Abfertigungshalle, einem offenen Holzbau mit allerlei Statuen und Geisterhäuschen, gibt es keine Gepäckbänder. Die Koffer, Taschen und Rucksäcke werden einfach abgestellt. Jeder nimmt sich, was ihm gehört. Am courtesy corner warten Bananen, Kekse, Kaffee und Säfte für alle, gratis. Auch der Internetzugang ist kostenlos. Und die Fahrt im Minibus zur Unterkunft irgendwo auf der Insel im Pauschalpreis inbegriffen.

Koh Samui ist zwanzig Kilometer lang und vierzehn Kilometer breit. Seit 1988, als der kleine Flughafen eröffnet wurde, empfängt die Insel jährlich fast so viele Urlauber wie das zehnmal größere Bali. Kaum vorstellbar, dass das Leben hier einst einfach, der Strand ursprünglich gewesen sein soll.

Unterwegs nach Lamai Beach, wo es angeblich noch etwas weniger hektisch zugeht als am Strand von Chaweng. Dichter Verkehr in beiden Richtungen. Am unbefestigten Straßenrand riesige Warnschilder in grellen Farben. Sie erinnern die Besucher daran, dass in Thailand Linksverkehr gilt. Die Folgen touristischer Unachtsamkeit: »Samui has the highest rate of driving fatalities in the Kingdom.« Besonders gefährdet sind die Schwärme von Moped- und Radfahrern. In jeder zweiten Kurve sieht man, wie Fußgänger sich im staubigen Gestrüpp neben der Fahrbahn in Sicherheit bringen.

Hinter dem Strand gibt Lamai Beach nicht viel mehr her als eine rund zwei Kilometer lange Ladenzeile. Ab und zu ein Stückchen unversehrten Bürgersteigs. Beidseitig Geschäfte aller Art: Andenkenläden, Wechselstuben, Wäschereien (»1 Kilo = 30 Baht«), Friseur- und Massagesalons, Verkaufsräume für Tauchutensilien und Schnorchelausrüstungen. Und an jeder Ecke ein Reisebüro, so als wollten alle so schnell wie möglich von hier weg.

Nach Einbruch der Dunkelheit aber sind alle immer noch da. Sie sitzen, »tired of rice«, im Landhaus zum Kärntner Wirt. Sie fahren, mit der Bierdose in der Hand, auf der Ladefläche eines Lieferwagens die Hauptstraße hinauf und hinunter, an einem Schild vorbei, das vor »drunken people crossing« warnt. Oder man schaut sich auf Breitwandbildschirmen Musikvideos, die neuesten Hollywoodproduktionen, ein Livespiel der englischen Premier League an.

Wer keine Lust auf Ipswich gegen Blackburn hat, schäkert mit den Mädels an den Animierbars unter freiem Himmel. Technosound und Neonröhren. Jahrmarkttrubel, Erwachsenenkirmes. Röckchen kreisen um Chromstangen, Fotos der letzten Schaumparty machen die Runde, Pärchen finden sich und schleichen davon.

Der nächste Tag beginnt mit starker Rauchentwicklung. Ätzende Schwaden ziehen über die offenen Treppen und Hotelflure, über den Pool und die Gartenanlage. Der Brandherd ist schnell gefunden: Notdürftig hinter Gebüsch versteckt, lodert ein mächtiger Haufen Küchen- und anderer Abfall. Gäste, die sich daran stören, verziehen sich schon in aller Frühe ans Meer. Unter zotteligen Palmen ein schmaler Sandstreifen, hygienisch ebenfalls nicht einwandfrei. Doch alle paar Minuten kommt ein Einheimischer mit einer tragbaren Garküche vorbei, bietet Getränke, gegrillte Maiskolben, Ananasstücke an, aus denen die ungenießbaren Augen bereits herausgeschnippelt wurden. Auch zur ersten Morgenmassage ist es nie weit. Alle paar Schritte eine hastig zusammengezimmerte Bude, die sich als Strandbar oder Beachrestaurant ausgibt. Neben jeder zweiten spendet ein Bambusdach Schatten, unter dem eine alte Matratze im Sand liegt. Für Maniküre und Fußpflege braucht man sich nicht einmal vom Fleck zu rühren. Fliegende Händlerinnen bieten lauthals ihre Dienste an, fuchteln nah der Wasserlinie mit Hornhautraspel, Pinzette und Nagelschere.

Wenige Kilometer inseleinwärts liegt Ban Lamai, das Dorf hinter dem Strand. Hier bleiben die Samuianer unter sich, von Fremden weitgehend unbehelligt. Eine Markthalle, Werkstätten, Läden, sogar ein kleines Kloster, Wat Lamai, und neben dem Tempel ein windschiefer Schuppen, der sich Cultural Hall nennt. Einer der orange gewandeten Mönche – auf seiner Visitenkarte steht der zungenbrecherische Name Pra Palad-Niyom Khun-Tummo – schickt mich die knarrende Holztreppe hoch. Im Museum werden, wie er sagt, letzte Spuren des alten Samui aufbewahrt.

Gleich am Eingang, auf einem Hocker, steht eine Blechkiste mit einem Schlitz, eine Art Opferstock. Niemand zu sehen. Dämmerlicht. Allzu gewissenhaft scheint das museale Gedächtnis der Insel nicht geehrt zu werden. Eine dicke Staubschicht bedeckt die Vitrinen. Die klapprigen Regale ähneln denen eines Trödelmarkts, der schon lange keinen Kunden mehr begrüßen konnte.

Säbel und Gewehre, Tropenhelme und Safarihüte, alte Plattenspieler und Schellackscheiben, das ausrangierte Arbeitsgerät von Fischern und Jägern, mottenlöchrige Kleidungsstücke, Porzellanfiguren und Glasvasen, Holzschnitzereien und Musikinstrumente – das Sammelsurium vermittelt zumindest eine Ahnung von dem Leben, wie es auf der Insel einmal war. Doch die Schicksale und Geschichten hinter den Ausstellungsstücken muss sich der Besucher dieser sonderlichen Gedenkstätte selbst zusammenreimen. Die wenigen Erklärungstafeln und Hinweisschildchen sind in asiatischen Schriftzeichen gehalten. Ausländer entziffern nur die Mahnung: »Don't touch!«

Bei der Paradise Jungle Tour am nächsten Tag braucht es nicht viele Worte. Man sieht, was man sieht: Affen, die speziell zu diesem Zweck mit Schnüren befestigte Kokosnüsse von den Bäumen holen. Elefanten, die Fußball spielen. Und Big Buddha, zwölf Meter hoch und goldfarben – die erst 1972 erbaute Statue ist zu jung, um auf eine schilderungswürdige Historie zurück zu blicken. Also bloß schauen.

Für Zusatzinformationen ist im Bedarfsfall Komsan, der Fahrer, zuständig. Er stammt, wie etwa die Hälfte der fünfzigtausend Inselbewohner, vom thailändischen Festland. Seit drei Jahren kutschiert er in seinem Jeep täglich Touristen auf dem Eiland umher, von einer Sehenswürdigkeit zur nächsten. Start um neun, Rückkehr am späten Nachmittag.

Nach der Tiershow gibt es gleich noch einmal Grund zum Schmunzeln. Komsan steuert Hin-Ta und Hin-Yai an. So heißen die Großmutter und der Großvater, nach denen zwei von aparten Naturlaunen geschaffene Felsformationen benannt sind: eine Vagina und ein Penis, beide aus Stein und im Riesenformat. Kaum ein Betrachter, der nicht kichernd auf den Auslöser seiner Kamera drückt. Passend zu diesen Motiven werden nebenan glibberige Bonbons verkauft, die offenbar die Potenz fördern. Augenzwinkernd schiebt sich Komsan eines in den Mund und greift sich an die Hosennaht.

Doch Samui hat auch jugendfreie Attraktionen zu bieten. Beispielsweise einen mumifizierten Mönch mit Sonnenbrille, der in Meditationsstellung in einem Glaskasten sitzt und sogar Erwachsene erschreckt. Und mitten durch den Dschungel führt eine nagelneue Betonpiste zum Wasserfall von Namuang. Routiniert stellt sich Komsan unter die milchig weißen Kaskaden, die der Berg über die steile, achtzig Meter hohe Felswand spuckt. Ein paar Kopfsprünge in die smaragdgrüne Naturwanne, dann geht es weiter, auf abenteuerlichen Buckelpisten quer durch den Urwald in den Inselnorden.

Dort legen die Boote zur Nachbarinsel Pha Ngan ab, auf der einmal im Monat die inzwischen weltberühmten Vollmondpartys stattfinden. Einst ein Geheimtipp, finden sich mittlerweile in der Hat-Rin-Bucht bis zu zehntausend Jugendliche zu Tanz, Alkohol- und Drogenexzessen ein. Diejenigen, für die kein Platz mehr ist, bleiben auf Samui und lassen es an Einfallsreichtum nicht fehlen. Überall hängen Plakate, auf denen für Half-Moon- und sogar für No-Moon-Feste geworben wird.

Höchste Zeit, das Weite zu suchen! Und, warum nicht, das ewige Klischee vom Tropenparadies, das auf und um Thailands Inselwelt, zumal in der Bucht Phang Nga, so arg strapaziert wird wie an kaum einem anderen Flecken unseres Planeten. Hier ragen sie, Sehnsüchte stiftend, aus der Andamanensee, die bizarr zerklüfteten Kalksteinkegel, die längst zum abertausendfach reproduzierten Markenartikel des südostasiatischen Tourismus geworden sind.

Doch vor der Ankunft am vermeintlichen Ort der Verheißung stehen die Strapazen der Anreise. Der Wecker klingelt um sechs Uhr früh. Taxifahrt zum Flughafen, dann mit Bangkok Airways in fünfzig Minuten nach Phuket. Außer der Crew sind wieder ausschließlich *farang* an Bord. Nach der Landung genügt ein Schild mit meinem Namen, um zu wissen, in welchen Van ich steigen muss. Zum Fähranleger ist es noch einmal eine halbe Stunde. Der Pier besteht aus einer bröckeligen Plattform neben einer Fischhalle, Holzstegen, rostigem Eisengestänge. Unter einer morschen Plastikplane ein paar Bänke, einige Stühle. Über dem Dach die pralle Sonne. Geradeaus freier Blick auf chinesische Fischerboote, die nicht verraten, dass sie einmal seetüchtig waren.

Gegen zwölf, heißt es, soll die Fähre nach Koh Phi Phi auslaufen. Noch knapp drei Stunden. Es gibt nicht viel zu tun, außer auf weitere Passagiere zu warten, die Zeit tot zu schlagen. Jenseits des angrenzenden Brachfelds ein kleiner Häuserblock. Ich überlege lange, bevor ich mein Gepäck zurücklasse und nach einer Einkaufsgelegenheit Ausschau halte. Man hat geraten, genügend Trinkwasser mit auf das Schiff zu nehmen. Schließlich finde ich eine Imbissbude, wo es sogar in Bananenblätter gewickelte Reisportionen zu kaufen gibt.

Kurz nach vierzehn Uhr kann die Fahrt endlich beginnen. Sämtliche Sitzreihen sind bis auf den letzten Platz gefüllt. Berge von Gepäck. Fenster, die so verschmutzt sind, dass sie keinen Ausblick erlauben. Das Oberdeck darf aus Sicherheitsgründen niemand betreten. Gegen die Seekrankheit hilft ohnehin nur häufiges Trinken und Augenschließen. Von der aus Film und Fernsehen bekannten Kulisse aus Lagunen, dschungelüberwucherten Felstürmen und einem mit Schäfchenwolken betupften Himmel also zunächst einmal rein gar nichts.

Bei der Ankunft auf Koh Phi Phi Don, zweieinhalb Stunden später, herrscht Gedränge und Geschubse. Luxusjachten, Kreuzfahrtdampfer, Segler, Schnellboote machen einander die knapp bemessenen Liegeplätze streitig. Kleine Fähren und noch schmalere Nachen stehen bereit, um die Fracht zu übernehmen. Umladen und Transfer zu den Hotels und Resorts, die über die ganze Insel verteilt und nur über das Wasser zu erreichen sind. Es hat zu regnen begonnen, die ersten Travellerträume platzen. Und weiteres Zähneknirschen wird folgen, falls jemals in die Tat umgesetzt wird, was dieser Tage durch die Weltpresse geht.

Von der thailändischen Touristenpolizei stammt die Forderung, die Insel Phi Phi wegen Umweltschäden für ein bis zwei Jahre für Urlauber zu sperren. Das Eiland sei dem wachsenden Ansturm der Touristen nicht gewachsen, begründete Oberst Sanit

Meephan seinen Vorschlag. Da die nötige Infrastruktur fehle, sei das Wasser verschmutzt und die Abfallbeseitigung zum Problem geworden.

Abend am Laem Tong Beach. Drei Hotelanlagen, hölzerne Bungalows in Palmenhainen. Bis zum Meer ist es bloß ein Steinwurf. Bei Ebbe verbreitert sich der Strand auf gut fünfzig Meter. Dutzende Frösche überqueren die schmalen Betonpfade, die kreuz und quer über das Gelände führen. Legionen von Moskitos umsurren die blassen Lämpchen auf den Restaurant-Terrassen.

Noch schäbiger freilich ist das Gypsy Village beleuchtet, eine wilde Ansammlung von Wellblechbaracken, Behausungen aus Pappe und Bretterverschlägen. Halb nackte Kinder tummeln sich zwischen Schrott und Müll. Hier leben die Chao Le, die Seezigeuner, die vor zweitausend Jahren aus Indonesien in die Phang-Nga-Bucht und nach Phuket kamen. Dunkelhäutige Nomaden, die längst sesshaft geworden sind, doch auf Phi Phi wenig vom Touristenboom zu profitieren scheinen, obwohl die Männer ihre traditionellen Fischerboote als Wassertaxis einsetzen, während ihre Frauen den vorbeistaksenden Fremden Obst, Getränke und Selbstgekochtes verkaufen.

Eine andere Wahrheit über die thailändische Märchenwelt erfahre ich bei *Satay*-Spießchen und einem scharfen roten Rindfleisch-*Curry* »unter der schattigen Palme« – *Tairomproa*. So heißt das Restaurant, wo ich mit einem Kellner ins Gespräch komme. Nicht der erste Einheimische, der mich mit der typisch asiatischen Mischung aus Neugier, Naivität und Unverfrorenheit nach meinem Namen, meinem Beruf fragt, nach dem Grund meines Unterwegsseins und wieso ich nicht in Begleitung bin – gemeint ist natürlich: in weiblicher Begleitung.

Eigentlich heißt er Sonchai, doch dieser Name gefällt ihm nicht. Es sei ein Allerweltsname, darum möchte er Chay genannt werden, mit Ypsilon. Der junge Mann arbeitet als Kellner im Holiday Inn. Wenn ich mit ihm reden wolle, werde er nach Feierabend, gegen zweiundzwanzig Uhr, in der Strandbar nebenan auf mich warten. Eigentlich, so meine Vermutung, möchte er eher mit mir reden. Dass ich an einem Buch über sein Land arbeite, scheint ihn zu beeindrucken.

Wir treffen uns auf einen Drink. Chay besteht darauf, dass ich sein Gast bin, obwohl er, wie er mir später erzählt, monatlich nur siebentausend Baht verdient, umgerechnet rund hundertsiebzig Euro – so viel wie eine Nacht in dem Hotel kostet, in dem er seit drei Monaten angestellt ist. Sein Zimmer in einem Nebengebäude teilt er sich mit drei Arbeitskollegen, insgesamt hundertdreißig junge Hotelangestellte von Laem Thon Beach wohnen hier. Es gibt Duschen, aber kein warmes Wasser. Vier Tage pro Monat haben sie frei, ihr Arbeitstag beginnt morgens um sechs und dauert bis abends um zehn, mit einer Pause von fünfzehn bis neunzehn Uhr.

In seiner Freizeit, sagt Chay, schreibe er Sätze nieder, kleine Geschichten. Über die Sonne, die morgens den Strand begrüßt, und über Katzen, die sich zanken und wieder vertragen. Irgendwann wolle er seine Geschichten an eine Zeitung, eine Zeitschrift schicken, in der Hoffnung, dass sie abgedruckt werden.

Nach dem zweiten Bier erzählt Chay, dass er vierzehn war, als er zum ersten Mal mit einem Mädchen schlief. Sie war zwölf. Es hat ihm nicht gefallen, doch sie war seine große Liebe. Er denkt oft an sie, heute noch, fast zehn Jahre später. Bestimmt, so vermutet er, hat sie inzwischen geheiratet und selbst Kinder.

Derzeit bleibt Chay für eine Freundin keine Zeit. Neben dem Job muss er sich um seine Eltern kümmern, die über siebzig sind, keine Arbeit und kein Einkommen haben. Jeden Monat schickt er ihnen zweitausend Baht, manchmal besucht er sie. Seine drei älteren Schwestern haben selbst Familie. Es ist Chays Aufgabe, für die Eltern zu sorgen.

Was er am meisten liebe, frage ich ihn. Eis, Schnee und Kälte, sagt er. Verwandte, die in Belgien leben, hätten ihm Fotos geschickt. Winterfotos. Weiter als bis nach Bangkok ist Chay noch nie gekommen. Aber eines Tages möchte er nach Europa reisen, Paris sehen, England, Spanien, Italien. Auch Japan und Australien möchte er kennenlernen. Doch nun muss er gehen, um Mitternacht schließt das Haus, in dem er schläft.

Tonsai liegt auf der Landenge zwischen den beiden Flügeln, dort, wo der Insektenleib wäre, wenn man Koh Phi Phi Don mit einem Schmetterling vergleichen würde. Ein aus allen Nähten platzendes Dorf mit einer streckenweise nur handtuchbreiten Hauptstraße. Links und rechts des mal gepflasterten, mal asphaltierten, mal sandigen Pfades die üblichen Requisiten: Dutzende von Reisebüros, Souvenirklitschen, Geldwechselschalter, Internetcafés, Pizzerien, Bars, Tauchschulen, Buchläden, Verpflegungsstationen mit »internationaler Küche«.

Mitten im Gewühl sitzt ein Mann im weißen T-Shirt, Pistole im Gurthalter. Aarom Jaiwong amtiert als Captain der örtlichen Touristenpolizei. Sein Büro ist nach zwei Seiten hin offen, ein kleiner Fernsehapparat läuft. Während unseres Gesprächs hält Mister Jaiwong die Fernbedienung in der einen Hand. Mit der anderen reicht er mir eine Inselkarte und einen Stadtplan, beide hat er selbst gezeichnet. Ich frage ihn nach seinem Alltag als Inselpolizist. Er erklärt, dass es mit dem Einhalten der Gesetze hier keine größeren Probleme gebe, außer hundsgewöhnlichen Diebstählen. Am meisten Arbeit bescherten ihm Touristen, die etwas verloren haben. Dann müsse er ein Protokoll aufnehmen, der übliche Papierkram. Und die Sache mit der Umweltverschmutzung, der Müllbeseitigung, illegalen Baumaßnahmen? Schließlich stehen Koh Phi Phi Don und die kleinere Schwesterinsel Phi Phi Lee seit 1983 unter Naturschutz. Der Polizeichef sieht da keinen Zusammenhang. Immerhin gebe es hier keine Autos, nur Mopeds. Und der Abfall werde regelmäßig eingesammelt, in schwarze Säcke verstaut und nach Krabi, in die Provinzhauptstadt, gebracht. Was dort damit geschieht, weiß Jaiwong allerdings nicht. Manche behaupten, der Dreck werde unterwegs einfach ins Meer gekippt.

Auf Koh Phi Phi Don leben zweitausend Einheimische, fast ausschließlich Moslems, und ein paar Dutzend Dauerurlauber, die sich nicht so leicht zählen lassen. In der Hochsaison, zwischen November und April, gehen täglich zweitausend Gäste am Pier von Tonsai an Land. Mittlerweile gibt es über vierzig Hotels und Bungalowanlagen, das restliche unbebaute Land sprenkeln zerschlagene Kokosnüsse, stinkende Fischgräten und Krebsschalen, qualmende Feuerstellen. Kühe wühlen im Dreck. In

Wasserlachen dümpeln Flaschen, Dosen, Kanister, Stoffreste. Das struppige Gras ist mit Papierfetzen und Plastiktüten übersät. Tagsüber hallt der Motorenlärm unzähliger Fähren und Langschwanzboote durch die Bucht, abends und nachts dröhnen Stromgeneratoren.

Viele andere Umweltsünden erkennt man erst bei genauerer Beschäftigung mit den Folgen der seit einigen Jahren unaufhaltsam anrollenden Touristenwelle. Am heftigsten kritisiert wird, auch von thailändischen Naturschutzorganisationen, die Praxis des Fischens mit Dynamit und Schleppnetzen. Diese Unsitte bedroht genau das, was die Westler anlockt. Auch die exzessive Sporttaucherei gefährdet die einzigartigen Korallengärten und die Unterwasserfauna des Archipels. Viele Riffe sind bereits durch Ankerwurf zerstört worden. Jet-Skis, Waterscooter, Ausflugsdampfer und die wendigen Schnellboote mit Propeller am meterlangen Schwenkarm fügen den emblematischen Kalksteintürmen irreparable Schäden zu. Nicht zuletzt macht der große Touristenandrang regelmäßig das Trinkwasser knapp.

Die Phang-Nga-Bucht als Chiffre für Exotik – vor etlichen Jahren hat die Filmindustrie dieses Bild um den Globus befördert. 1999 wurde am Maya-Strand der unbewohnten Nachbarinsel Phi Phi Lee der Roman »The Beach« des britischen Autors Alex Garland verfilmt, mit Leonardo DiCaprio in der Hauptrolle. Um den Ort nicht zu einem touristischen Rummelplatz verkommen zu lassen, hat man den Zugang inzwischen streng reglementiert. Ausflugsschiffe dürfen nur noch in der Bucht ankern, für den Landgang werden Sondergenehmigungen benötigt.

Gewiss, auch schon vor den Dreharbeiten wurde das unbewohnte Eiland, das die Hollywoodproduzenten zur Idealkulisse für ihre Globetrotter-Geschichte erkoren hatten, wegen seiner Tropfsteinhöhlen und Schwalbennester von zahlreichen Tagesausflüglern angesteuert. Zu einer wahren Besucherinvasion jedoch kam es, als die ersten europäischen Veranstalter pünktlich zur Kinopremiere Anfang 2000 Reisen anboten, bei denen laut Werbeprospekten »das Filmparadies im Süden Thailands hautnah erlebt werden kann«. Was umso absurder erscheint, als Garland in seinem Roman ausdrücklich auf die destruktiven Folgen des Massentourismus hinweist.

Das thailändische Fremdenverkehrsamt indes störte es kaum, dass die Phi-Phi-Inseln nicht nur wegen Megastar DiCaprio ins Gespräch kamen. Weitere Aufmerksamkeit verschafften der Produktion die vehementen Proteste gegen die angeblich vom Filmteam begangenen Umweltsünden. Von Planierraupen, die am Maya-Strand einzelne Dünen zerstörten, war ebenso die Rede wie von »ökologischen Tragödien«, die anscheinend durch widerrechtlich entfernte einheimische Pflanzen und zusätzlich gepflanzte Bäume hervorgerufen wurden. Obwohl die meisten dieser Vorwürfe sich später als unhaltbar erwiesen, wurde die Filmfirma 20th Century Fox zu Kompensationszahlungen in Höhe von 2,6 Millionen Dollar verpflichtet.

Doch kein noch so lauter Boykottaufruf, keine Verurteilung der amerikanischen »Bulldozermentalität« konnte die Zuversicht der Tourism Authority of Thailand beeinträchtigen. »Es steht außer Zweifel, dass ›The Beach‹ sich im Allgemeinen positiv auf Thailand auswirken wird«, behauptete Pradech Phayakvichien, der Chef der staatlichen Tourismusbehörde, in einem Zeitungsinterview. Wohl wissend, dass der Mehrheit der Kinobesucher keine Details über die Probleme bei der Entstehung des Films bekannt waren. Hauptsache, die potenziellen Reisenden bekämen einen »guten Eindruck von den thailändischen Drehorten«.

Mit dieser Art von einträglicher, wenn auch häufig kritisierter Werbung hat das Land längst Erfahrung. Nicht zufällig heißt die im Norden der Phang-Nga-Bucht gelegene Insel Khao Phing Kann, auf der 1970 das 007-Abenteuer »The Man with the Golden Gun« mit Roger Moore gedreht wurde, seither im Volksmund »James-Bond-Insel«. Sie leidet bis heute an den negativen Folgen ihres Ruhms: Touristenscharen, Souvenirboutiquen und Ramschverkäufer, Müll, Abfall und Lärm …

Von der Jagd nach modernen Kinomythen blieb Manon Raket bislang verschont. Der Fischer lebt einige Kilometer nordwestlich der Phi-Phi-Inseln, auf Koh Yao Noi. Die Szenerie vor ihrer Haustür hat für die im Golf von Siam lebenden Menschen nichts Exotisches. Vielmehr spielt sich hier ihr Alltag ab. Eine Inselrealität, die nur selten Anlass gibt zu Schwärmerei und Verklärung. Denn das Leben hier ist ohne großen Komfort, geprägt von harter Arbeit und von den Auswirkungen der Misswirtschaft mit Küstenressourcen, die in Südthailand in den letzten Jahren immer sichtbarer geworden ist.

Darunter leiden auch Manon Raket und die rund siebentausend Bewohner von Koh Yao Noi. Doch sie haben ihr Schicksal in die eigene Hand genommen und eine Selbsthilfegruppe gegründet. Khun Samroeng, der Vorsitzende der örtlichen Fischergewerkschaft The Small Fisher Folk of Koh Yao Noi Club, weiß ganz genau, welche Anstrengungen für eine bessere Zukunft unternommen werden müssen.

Zum einen verwirklicht Samroengs Vereinigung seit Kurzem ein ökologisch und sozial ausgerichtetes Projekt zum Schutz der natürlichen Schätze und zur Einkommenssteigerung der Inselbewohner. Denn, so die Überzeugung des Vierzigjährigen, »falls auch nachfolgende Generationen eine Überlebenschance in dieser Region haben sollen, müssen zunächst einmal die schädigenden und illegalen Fischfangmethoden unterbunden werden«. Ferner gilt es, die Mangrovenwälder zu retten, die für ein gesundes Ökosystem in den Küstengebieten lebensnotwendig sind. Sie geben mehr als zweitausend Fischarten, wirbellosen Tieren und unzähligen Pflanzenarten Lebensraum. Gleichfalls engagieren sich Samroeng und seine Mitstreiter für den Erhalt des von industrieller Wasserverschmutzung bedrohten Seegrases, das ebenfalls Nahrungsquelle und Schutzraum für Krabben, Krebse und andere Meerestiere ist. Nicht weniger Aufmerksamkeit verdienen schließlich die küstennahen Korallenbänke. Deren Existenz wird durch allerlei touristische und sportliche Aktivitäten bedroht.

Aber nicht nur das bislang erst schwach entwickelte Umweltbewusstsein der Einheimischen soll gefördert werden. Auch deren Einstellung zu ausländischen Besuchern muss sich nach und nach ändern. Deshalb arbeitet die Dorfgemeinschaft seit einigen Jahren mit der 1980 gegründeten NGO Thai Volunteer Service (TVS) zusammen, die sich landesweit der Entwicklung im ländlichen Raum widmet. Ein wesentlicher Bestandteil ihrer Tätigkeit ist, sozial und ökologisch verantwortliche Reisen zu organisieren. Unter der Formel »gemeindebasierter nachhaltiger Tourismus« verfolgt das TVS-REST-Programm unter anderem das Ziel, die lokale Bevölkerung eigenverantwortlich in die touristischen Planungen und Entscheidungen einzubinden. Auf diese Weise soll sowohl den Besuchten als auch den Besuchern deutlich gemacht werden, welchen positiven Beitrag der Fremdenverkehr unter bestimmten Voraussetzungen für Umwelt und Wirtschaft leisten kann. Wenn beispielsweise auf den Bau von Hotels und Appartements verzichtet und die Zahl der Resorts und Bungalows inmitten des Inseldschungels in Grenzen gehalten wird.

Homestay, Übernachtung und Verpflegung bei der einheimischen Familie, heißt das Zauberwort, das auf Koh Yao Noi als Gegenmittel zum touristischen Massenandrang inzwischen Wirkung zeigt. Statt, wie von Seiten der TAT einst geplant, an spektakulär aufgezogenen Radrennen und anderen Großveranstaltungen auf der Insel teilzunehmen, werden die Gäste von Manon Raket und seiner Frau Hubsa auf Wunsch morgens um sechs geweckt und mit dem Motorrad zum Hafen gebracht. Dort stehen die schmalen Boote der Fischer parat. In den nächsten vier, fünf Stunden dürfen sich die *farang* dann am Rudern, Netzeauslegen und -einholen auf hoher See beteiligen. Fisch für Fisch, Krabbe für Krabbe, Muschel für Muschel wird der Fang per Hand aus den Maschen geklaubt. Anschließend nimmt man das mitgebrachte Mittagessen gemeinsam am weißsandigen Strand einer der fünfundsechzig meist unbewohnten Inseln des vierhundert Quadratkilometer großen Archipels ein.

Danach bleibt Zeit, um in den lauwarmen, kristallklaren Wellen zu schwimmen, bunt schillernden Fischen hinterherzutauchen und die Jachten, Schnellboote, Fähren, Segelschiffe und Ausflugskähne zu beobachten, die aus dem südthailändischen Garten Eden längst nicht mehr wegzudenken sind. Wer die Augen vor der Realität jenseits der Bilderbuchtropen nicht verschließen will, muss sich spätestens in diesem Moment fragen, wie lange die prachtvollen maritimen Landschaften den mannigfaltigen Bedrohungen wohl noch standhalten können.

Opulenz und Purismus

In thailändischen Hotels

Zu makellos, um wahr zu sein? Wasser plätschert, Vögel zwitschern, ein laues Lüftchen wispert in Palmen, Bananenstauden, Teakbäumen. Wie sattgrüner Samt rollt der Rasen über augenschmeichelnde Erdbuckel. In Lotusteichen spiegelt sich eine nicht zu grelle, nicht zu blasse Sonne. Gärtner, die den *mor hom*, den traditionellen blauen Arbeitsdress, tragen, bücken sich in gepflegten Reisfeldern. Hinter einem prächtig blühenden Busch streckt ein Wasserbüffel den Kopf hervor, als wäre er extra dafür bestellt worden. Und dann, am diesigen Horizont, auch noch zwei Berggipfel, die, von Nebelschwaden umflort, das in seiner Perfektion beinahe unwirklich scheinende Bild auf eine Weise vervollständigen, die dem Betrachter den Atem stocken lässt.

Doch die beiden Berge gibt es tatsächlich. Sie heißen Doi Suthep und Doi Pui und geben den Rahmen ab für eine landschaftliche Szenerie von vollendeter Harmonie. Gut, dass im nächsten Moment irgendwo ein Telefon klingelt und kurz darauf ein Kind zu schreien beginnt, weil ein Glas zu Boden gefallen und mit lautem Klirren zerbrochen ist. Jähes Ende des Wirklichkeit gewordenen Traums. Und Rückkehr in eine Realität, die sich mit den wunderbarsten Illusionen messen kann.

Ein Widerspruch? Dreißig Autominuten nördlich von Chiang Mai verwischen sich die Grenzen zwischen Ursprünglichkeit und Inszenierung von Menschenhand. Hier, im Mae-Rim-Tal, liegt das Regent Resort & Spa, die prächtigste Hotelanlage Nordthailands. Ein Beispiel unter etlichen anderen für das, was die gehobene Hotellerie des Landes zu bieten hat.

So schnell wie kaum eine andere erholte sich die thailändische Tourismusindustrie nicht nur nach dem Finanzcrash von 1997, sondern auch von den Folgen der Tsunami-Katastrophe im Dezember 2004. Schon wenige Monate nach dem verheerenden Seebeben waren etliche Hotels wieder bereit, Gäste zu empfangen. Thailand boomt – wieder einmal. In Zukunft rechnen die Touristiker mit weiteren Zuwachsraten. Die bewährten Standards bei Komfort und Service sollen darunter aber keineswegs leiden, wie Hoteliers und Restaurantbesitzer einhellig versprechen.

Im Regent Chiang Mai zweifelt man keine Sekunde an solchen Zusicherungen. Von Krisenstimmung ist beim Spaziergang zwischen den sechzehn geräumigen Holzpavillons auf Stelzen, beim Sitzen auf deren *salas* genannten Teakveranden jedenfalls nichts zu spüren. Im Gegenteil. In dieser Ecke des Landes üben sich die sprichwörtliche thailändische Gastfreundschaft und der den Einheimischen quasi angeborene Sinn für Schönheit in schwelgerischster Verschwendung. Diese zeigt sich im Ambiente des – unverfälschten?, nachgestellten? – Agraridylls, in dem abends Windlichter glimmen und Fackeln flackern, wie auch bei den winzigsten Details in jeder Zimmerecke.

Die Obstschalen werden täglich mit frischen Erdbeeren und exotischen Früchten wie Rambutan und

Mangosteen gefüllt. Daneben liegt ein Kärtchen mit freundlichen Grüßen des Direktors. Die Mineralwasserflaschen auf dem Nachttisch, die Orchidee auf dem Kopfkissen kennt man bereits aus preiswerteren Unterkünften. Ungewohnt ist hingegen die Badewanne, die, umgeben von übermannshohen Glaswänden, mitten in tropischem Blätterwerk zu balancieren scheint. Eine Augenweide sind ebenfalls die mit treffsicherem Geschmack konzipierten und arrangierten Schränke, Tische, Sessel, Diwane und Betten – lauter Zitate aus der siebenhundert Jahre alten Lanna-Kultur, die in ihrer Schlichtheit und Reinheit auch den anspruchsvollsten Bedürfnissen heutiger Kundschaft genügen.

Die Landschafts- und Gebäudearchitektur erinnert gleichfalls an das 1296 von König Mengrai gegründete Lanna-Reich, in dessen Hauptstadt Chiang Mai sich die Kulturen aus Birma, Laos und der südchinesischen Provinz Yünnan begegneten und gegenseitig beeinflussten. Am offensichtlichsten verweisen die Pavillons mit ihren Tempeldächern, den aufwärts geschwungenen Gesimsen, den Türmen und dem Giebelschmuck auf diese Mischung. Am überraschendsten wirken die Buddha- und Tierfiguren, die Terrakottareliefs und -skulpturen aus der Khmer-Epoche, die sich im Grün der Gärten und Parks und im Gebüsch rund um die Villen verstecken.

So viel ästhetisches Empfinden und handwerkliches Können wurde im April 1996 mit dem Heritage Preservation Award belohnt. Prinzessin Maha Chakri Sirindhorn höchstpersönlich überreichte den Verantwortlichen des Resorts diese Auszeichnung, die Traditionsbewusstsein in Kombination mit modernem Styling belohnt.

Opulenz, die nie überladen wirkt, gepaart mit Purismus, der nichts Strenges oder Asketisches hat – auch das Anantara Resort & Spa in Hua Hin kennt und appliziert das Erfolgsrezept der thailändischen Luxushotellerie. Seit dem frühen 20. Jahrhundert, als Thailands Monarchie die am Golf von Siam, zweieinhalb Autostunden südlich von Bangkok gelegene Stadt zu ihrer Sommerresidenz erkor, steht Hua Hin vor allem in der Gunst einheimischer Urlauber. Erst seit den neunziger Jahren kommen auch immer mehr ausländische Touristen in dieses Seebad, das über eine Reihe erstklassiger Hotels verfügt.

Eine hübsch bepflanzte Allee führt zur offenen Anantara-Lobby, wo sich an den Möbeln, Stoffen und Dekorationsgegenständen die Vielfalt und Eleganz thailändischer Formensprache zeigt. Mit feuchten Tüchlein und einem kühlen Glas Saft wird der Gast begrüßt. Um sich in einen Kokon von Wohlgefühl hüllen zu lassen, genügt beinahe allein der Anblick des immerzu gut gelaunten Servicepersonals. Und noch bevor das Gästeformular ausgefüllt ist, ahnt der Kunde, dass seine Wünsche hier bereits in Erfüllung gehen, noch ehe sie überhaupt ausgesprochen sind.

Dass das Design der insgesamt zweihundert Zimmer höchstem Niveau entspricht, verwundert genauso wenig wie das umfassende Sport- und Freizeitprogramm, welches das Anantara zusätzlich zur Meeres- und Strandnähe bietet. Sieben Bars und Restaurants, zwei Pools, ein Fitnesszentrum, Körpertherapie, Ausritte auf Elefantenrücken, neuerdings sogar ein jährliches Elefanten-Polo-Turnier, Golf, Tennis, Surfen – auf den gepolsterten Liegen der Zimmerbalkone, mit Blick auf eine weitläufige, mit Teichen, Brücken, Pergolen und tropischer Vegetation geschmückten Parklandschaft fällt es nicht leicht, sich für eines der zahlreichen Urlaubsangebote zu entscheiden.

Auch mitten in Bangkok gibt es Hotels, die nur zum Schlafen viel zu schade sind. Die Lust auf Neues vorausgesetzt, kann man auch anderswo absteigen als im altehrwürdigen und entsprechend kostspieligen Hotel Oriental. Genau gegenüber vom langjährigen Flaggschiff des asiatischen Hotelgewerbes eröffnete Ende 1998 das Peninsula. Was dem nicht zu übersehenden, neununddreißigstöckigen Turm am westlichen Ufer des Chao Phraya an Areal fehlt, macht das Interieur mehr als wett. Luxus pur, Spitzengastronomie und obendrein aus jedem der dreihundertsiebzig Zimmer und Suiten ein unvergleichlicher Blick auf den Fluss, über den zwei Hausboote die Kundschaft direkt an den hoteleigenen Pier bringen.

Ein paar Kilometer weiter südlich, am Kai des Marriott Resort & Spa, schaukelt ein ganz besonderes Schiff in den schlammbraunen Fluten des »Flusses der Könige«. »Manohra Song« heißt die zwanzig Meter lange, ehemalige Reisbarke, die in einen »ultra-deluxe river cruiser« umgebaut wurde: Ein Schmuckstück aus Teak-, Padua- und Mahagoniholz, das sowohl bei Zwei-Tage-Trips in die alte Königsstadt Ayutthaya als auch bei abendlichen Kreuzfahrten mit romantischem Candle-Light-Dinner zum Einsatz kommt.

Unmerklich schwanken die Planken. Auf den vier Tischen an Deck züngeln die Kerzenflämmchen, mit geschmeidigen, tänzerischen Bewegungen sorgen die Kellner für das Wohl der Passagiere. Die Luft ist weich, die Großstadtlichter glitzern, unter dem Bug glucksen die Wellen. Bangkok by night, vom Wasser aus besehen, mit kulinarischen Köstlichkeiten auf Gabel und Löffel.

Sogar im Herzen des neuesten Geschäftsviertels von Bangkok lässt sich die Leichtigkeit des asiatischen Seins erfahren. Die Zauberformel lautet Wellness. Im Sheraton Grande Sukhumvit wie in vielen anderen thailändischen Nobelherbergen hat sich die Wohlfühlwelle längst vom exklusiven Trend zum boomenden Marktsegment gemausert. The Grande Spa offeriert neben der gängigen Thai-Massage auch Hydro- und Aromatherapie. In elf elegant eingerichteten Behandlungszimmern kann man sich auch paarweise die Körper durchkneten oder sich duftende Öle auf der Haut verreiben lassen.

So komme ich, in einen flauschigen Bademantel gehüllt, im Sheraton Grande zu meiner zweiten Massage. Und am Abend jenes Tages, an dem ich mal wieder ein Jahr älter werde, im Restaurant Basil zu meiner unerwartetsten Geburtstagsüberraschung. Plötzlich wird das Licht heruntergedimmt, hinter meinem Stuhl stellt sich eine ganze Küchenmannschaft auf und stimmt ein Ständchen an, nach dem alle Anwesenden in die Hände klatschen. Sogar der Kuchen, auf dem in Zuckerguss mein Name steht, ist ganz nach meinem Geschmack: ohne Buttercreme und mit viel Marzipan. Wie konnten sie das nur wissen?

Zum Cappuccino nach Bangkok

Von Ruhe, Zeit und anderen Genüssen

Ich kenne niemanden, der Bangkok für eine angenehme Stadt hält. Allerdings kenne ich auch niemanden, der länger als zwei oder drei Tage dort war und Gelegenheit hatte, mehr als nur den chaotischen Verkehr, die schlechte Luft und die überlaufenen, überteuerten touristischen Attraktionen in Thailands Hauptstadt zu entdecken.

In Bangkok leben zehn, zwölf oder vierzehn Millionen Menschen – jedenfalls zu viele, als dass jemand sie zählen könnte. Bankiers, Versicherungsagenten und Hotelmanager. Lumpensammler und Schrotthändler. Gemüseputzerinnen, Näherinnen und Korbflechterinnen. Prostituierte, Nackttänzerinnen und kahl geschorene Nonnen. Rikscha- und *Tuk-tuk*-Fahrer, Ticketkontrolleure und Bahnhofsvorsteher. Kellner, Köche, Liftboys und kahl geschorene Mönche. Bambusrohrzerkleinerinnen und Ananasaugenentfernerinnen. Bonboneinwicklerinnen und Supermarktkassiererinnen. Tempelwächter und Straßenfeger. Ziegelträgerinnen und Sandsackschlepperinnen. Ochsenkarrenlenker, Elefantenkotsammler und Fremdenführer. Schuhflicker, Schneider, HIV-Infizierte und Fußmasseurinnen.

Zwei Wochen lang lebte ich mit ihnen in ihrer gewaltigen, unübersichtlichen, lärmenden, liebenswürdigen Stadt. In dieser Zeit fuhr ich mit dem Expressboot über den Chao Phraya. Mit einem Langschwanzboot durch die Kanäle von Thon Buri. Mit dem Skytrain zur Saphan-Taksin-Brücke und in die Sukhumvit Road. Für umgerechnet zehn Cent kutschierte mich der 77er Bus anderthalb Stunden lang vom Mo-Chit-Terminal quer durch die Stadt ans östliche Ende der Silom Road. Dort, im Schatten der Saladaeng Station, trank ich einen Cappuccino. Den besten Cappuccino, der mir jemals serviert wurde. Und so wurde diese Adresse zu einem Fixpunkt meiner Tage in der »Stadt der Engel«.

Zuvor hatte ich zur Befriedigung meiner Koffeinsucht Filialen von Coffee World und der amerikanischen Starbucks-Kette aufgesucht. Doch nirgendwo war ich glücklicher als im Lokal der Coffee Society. Ein schmaler, unscheinbarer Raum über zwei Etagen. Unten, gleich hinter der Eingangstür, gibt man seine Bestellung auf. Drei Schritte weiter hinten nimmt man das Gewünschte in Empfang. Ganz hinten führt eine enge Treppe auf eine Art Empore, wie es sie früher in Kinos gab. Hier, auf dem Balkon, sitzt man auf einer Bank hinter einer schrägen, länglichen Tischplatte, die an ein Stehpult erinnert, an dem man auf einem Hocker Platz nimmt.

Der Blick nach unten ist perfekt. Den Eingang und den Kassenbereich, die Espressomaschine und die Orangenpresse, die Ecke mit den verschiedenen Zuckertütchen, dem Zimtstreuer, der Eiswasserkaraffe, den Trinkbechern und Umrührstäbchen, den Wandständer mit den Zeitungen und Zeitschriften, die eintretenden und die hinausgehenden Gäste, die Vitrinen mit den Sandwiches, Kuchen und Torten – alles hat man jederzeit unter Kontrolle. Dazu plätschert aus unsichtbaren Lautsprechern vornehme Jazzmusik. Und der doppelte Cappuccino schmeckt, als hätte man jahrelang nur darauf gewartet, diese vier, fünf, sechs Schlucke an einem vierunddreißig Grad warmen, wolkenlosen, lichtdurchfluteten Tag in Bangkok zu trinken.

Kaffee ist in Thailand kein populäres Getränk. Deshalb hat die Coffee Society auch Tee, Limonaden und frische Fruchtsäfte im Angebot. Doch die meisten Kunden, hauptsächlich männliche *farang*, bevorzugen Kaffee: Espresso, Milchkaffee, amerikanisch geschmackloses braunes Wasser, einfachen oder doppelten Cappuccino und wie sich die Variationen sonst noch nennen, die entweder brühend heiß oder eisgekühlt bestellt werden. Zu Preisen, das muss man schon zugeben, die Einheimische an einer Garküche am Straßenrand für ein Nudelsüppchen und eine Schale Reis mit ein paar Fleischfetzen und einer Hand voll Gemüse bezahlen.

Zum Cappuccino rauche ich eine meiner letzten indischen Zigaretten. Ich schreibe in mein Notizbuch, wo ich mich an dem Tag überall herumgetrieben habe, was ich dort sah und erlebte, was in den nächsten Stunden geplant ist. Das dauert eine Weile. Doch hier ist niemand, der deine noch nicht einmal leer getrunkene Tasse wegräumen möchte oder dir den Aschenbecher vor der Nase wegzieht. Hier lässt man dich in Ruhe deine Zeit genießen. Und wenn du zum dritten Mal wiederkommst, begrüßt man dich bereits wie einen Stammgast, der auf ein bloßes Kopfnicken hin seinen doppelten Cappuccino zubereitet bekommt. Aus frisch gemahlenen Bohnen und mit Milch, die vor deinen Augen erhitzt wird. Als Beilage spendiert man dir eine Ecke Mandelgebäck. Deren Spitze ist mit Zartbitterschokolade umhüllt, auf die mit weißer Schokolade die Initialen C und S gedruckt sind.